Dietmar Rost

Freizeit

224 Einfälle und Anregungen
zur Freizeitgestaltung

Gütersloher Verlagshaus Gerd Mohn

CIP-Kurztitelaufnahme der Deutschen Bibliothek

Rost, Dietmar
Freizeit: 224 Einfälle u. Anregungen zur Freizeitgestaltung. – 1. Aufl. – Gütersloh: Güters-loher Verlagshaus Gerd Mohn, 1976.

ISBN 3-579-03589-4
Gesamtherstellung: Mohndruck Reinhard Mohn OHG, Gütersloh
Illustrationen und Umschlagzeichnung: Hildegard Haller
Printed in Germany

Inhalt

Zu Hause ...

... draußen

... und unterwegs

Was tun, wenn ...

Wo finde ich was?   164

Lieber Leser,

die wachsende Freizeit ist lebensnotwendiger Ausgleich für die Belastung im häuslichen und beruflichen Alltag, der für viele mit Ärger und seelischem Druck verbunden ist. Wichtig ist, nicht alles in sich hineinzufressen, sondern sich in der Frei-Zeit davon frei zu machen.

Freizeit ermöglicht uns, Ausgleich, Entspannung und Erholung sowie die im Alltag vermißte Bewegung zu haben. Das will gelernt sein.

Dieses Buch gibt einen kleinen Überblick über die mannigfaltigen Möglichkeiten, Freizeit zu gestalten, in der freien Zeit Spaß miteinander zu finden.

Hierbei liegt die Betonung auf Spaß. Richtige Erholung und Entspannung bringt nur das, was man gern tut, woran man Spaß hat.

Die wichtigsten Bereiche werden angesprochen. Altvertrautes steht neben Neuem. So sollte es auch sein. Viel zuviel von dem, was wir wissen, haben wir vergessen, oder wir denken einfach nicht mehr daran. Vielleicht werden beim Lesen Erinnerungen wach. Erinnerungen an Kindheits- und Jugendspiele, die man den erstaunten und begeisterten Kindern mitteilen kann.

Und schließlich: Dies ist kein Buch, das man wie einen Roman liest und beiseite legt. Wichtiger, als darin zu lesen, ist, etwas zu unternehmen.

Deshalb möchte ich Sie ermuntern:
- Haben Sie Mut zum Spiel!
- Fangen Sie gleich damit an!

Für Spaß ist es nie zu spät. Freizeit ist Urlaub im kleinen.

Dietmar Rost

Zu Hause...

Auch zu Hause kann der Feierabend schön sein.
Die eigenen vier Wände bieten viele Möglichkeiten,
sich zu unterhalten:

- am Tisch, auf dem Teppich, im Spielkeller –
- mit Bastelarbeiten, mit Gesellschaftsspielen, mit Lesen, mit Hobbys –
- allein – mit Freunden, mit Nachbarn, mit Kindern.

Davon soll im ersten Teil die Rede sein.

Spiel und Spaß auf 20 Arten

Besondere Bedeutung für die Freizeit hat das Spiel, das spielerische Tun. Spielen ermöglicht Loslösung vom Alltag. Hier kann sich jeder zwanglos entfalten. Miteinander spielen bringt Menschen einander näher, hilft, Einsamkeit zu überwinden.
Wir sprechen so viel von Partnerschaft zwischen Eltern und Kindern. Gemeinsames Spielen trägt dazu bei. Die Kinder werden als Partner in die Freizeitgestaltung der Eltern mit hineingenommen. Hier stehen Eltern den Kindern näher als sonst.
Kinder spüren, daß das Zusammensein mit den Eltern schön sein kann, daß es lohnt, bei ihnen zu sein.
Besonders der Vater, der in manchen Familien den ganzen Tag von den Kindern getrennt ist, hat im Spiel die Möglichkeit, ihnen wieder näherzukommen.

1. Vorlesen

Wenn Kinder im Vor- und Grundschulalter etwas vorgelesen bekommen, sind sie so fasziniert von dem, was sie hören, daß sie alles um sich herum vergessen. Es ist eigentlich schade, daß wir in unseren Familien so wenig Zeit und Muße finden, Geschichten vorzulesen. Dabei gab es kaum jemals so viele schöne Bücher wie heute: Märchen aller Herren Länder, Bilderbücher, Umweltgeschichten, farbig illustrierte Kinderbibeln und Kindergebetbücher.
Auch für Heranwachsende kann Vorlesen reizvoll sein, wenn es uns gelingt, echte Vorlese-Atmosphäre zu schaffen. Gemütlichkeit ist dabei alles. Vielleicht sitzen wir auf dem Teppich, auf be-

8

quemen Sitzkissen, im Halbkreis um den Kamin. Behagliches Licht gehört dazu.

Wie wäre es an einem langen Winterabend mit einer Gruselgeschichte? Nur vor dem Vorleser steht eine Kerze, der übrige Raum liegt im Dunkeln, damit die Fantasie sich »schreckliche« Dinge vorstellen kann. Allerdings muß man bei kleinen Kindern mit Spukgeschichten vorsichtig sein.

Mehr über Bücher finden Sie auf Seite 49 ff.

2. Erzählen

Wer wüßte nicht, wie gern Kinder zuhören, wenn Eltern ihnen aus der eigenen Kindheit erzählen. Sie können nicht genug davon bekommen: »Mama, erzähl doch noch mal, wie du ...!«

Gern hören sie Jugendstreiche. Es tut ihnen gut zu erfahren, daß ihre Eltern früher Kinder waren wie sie, beim Zahnarzt den Mund nicht aufmachen wollten, in der Schule nachsitzen mußten oder »Dummheiten« anstellten.

Besonders schön ist es, wenn Großeltern aus ihrer Jugend erzählen. Sie haben schon zu einer Zeit gelebt, die unvorstellbar anders war als heute. Darum ist es für jedes Kind spannend und aufregend, ja komisch und fast märchenhaft, von dieser so fernen Zeit aus dem Munde alter Leute zu hören.

Ich kenne von Hause den schönen Brauch, daß wir als Kinder am Sonntagmorgen für ein Viertelstündchen ins Bett der Eltern schlüpfen durften, wo uns dann »der Papa eine Geschichte erzählte«. Probieren Sie's einmal aus! Es lohnt sich!

Das Erzählen biblischer Geschichten ist seit eh und je Kernpunkt christlicher Erziehung. Im Vorschulalter sind Kinder sehr aufnahmebereit für Erzählungen aus dem Neuen, aber auch aus dem Alten Testament. Achten wir dabei auf unsere Sprache: Einfache und klare Worte sind der Bibel angemessener als blumige Ausschmückungen des Textes. Es gibt heute gute Kinderbibeln, die eine Hilfe für kindgemäßes Erzählen sein können.

Vielfältige Anregungen für religiöses Erzählen und Fragen bietet das Bilder-Gebetbuch:

■ Du bist bei mir, Kinder beten und fragen,
   von D. Rost und J. Machalke, Gütersloh 1974.

9

3. Fotos und Dias

Der gemeinsame Familienurlaub am Meer oder in den Bergen wird wieder lebendig beim Betrachten von Fotos und Lichtbildern: »Weißt du noch, wie wir ...?« – Gerade die »Nebensächlichkeiten«, die uns mit diesem oder jenem Bild verbinden, sind nicht selten die schönsten Erinnerungen. Holen wir öfter das Fotoalbum oder den Diaprojektor hervor.

In größeren Familien kann man ein Spiel daraus machen: Wer zu einem Bild die interessanteste Begebenheit erzählt, bekommt eine Belohnung (Süßigkeit).

Kinder blättern gern im Familienalbum. Sie haben ihren Spaß an Kindheitsbildern der Eltern und Großeltern, besonders an Fotos, auf denen sie selber Babys sind. Dabei gibt es viel zu erzählen: Wie sie gewaschen und gewindelt wurden, wie sie das Fläschchen bekamen, wie sie anfingen zu krabbeln ... – jede lustige oder traurige Begebenheit interessiert ungemein.

4. Scherzlieder

Kinder lieben Nonsens. Darum singen sie begeistert mit bei Liedern, die so recht zu »Kindereien« verleiten. Zwei bekannte Scherzlieder, die immer wieder »ankommen«, sind:

Drei Japanesen

Drei Ja - pa - ne - sen mit dem Kon - tra - baß,
sa ßen auf der Stra - ße und er - zähl - ten sich was. Da
kam die Po - li - zei, ei, was ist denn das?

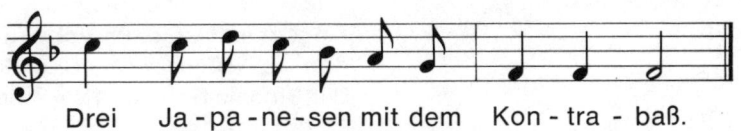

Drei Ja - pa - ne - sen mit dem Kon - tra - baß.

Bereits nach einmaligem Singen können alle Text und Melodie auswendig. Nun ersetzen wir sämtliche Vokale des Liedes durch einen einzigen, zum Beispiel »o«. Wir singen also: »Dro Joponoson mot dom Kontroboß, soßon of dor Stroßo ond orzohlton soch wos ...«

Welche Strophe singen wir nun? – Die »i«-Strophe natürlich: Dri Jipinisin mit dim Kintribiß ... Das geht so weiter. Wir singen auf »u«, auch auf »ei« und »eu« ...

Mein Hut

Mein Hut der hat drei Ek - ken, drei

Ek - ken hat mein Hut, und hat er nicht drei

Ek - ken, dann ist es nicht mein Hut.

Wenn das Lied eingeübt ist, werden nach und nach Text- und Melodieteile durch Gesten ersetzt. Zum Schluß werden nur noch wenige Wörter gesungen, die anderen durch stumme Gesten angedeutet. Wer eins der auszulassenden Wörter singt, zahlt ein Pfand (siehe S. 45).

Zunächst läßt man das Wort *mein* weg und zeigt dafür mit dem Zeigefinger auf die eigene Brust. Bei der nächsten Strophe wird zusätzlich das Wort *Hut* weggelassen, dafür deutet jeder auf seinen Kopf. Bei der dritten Strophe wird *drei* durch Heben von drei

11

Fingern ersetzt, dann *Ecken* durch Zeigen auf den gewinkelten Arm, schließlich *nicht* durch Kopfschütteln.
Der Singeleiter erklärt vor jeder Strophe die Geste.

Weitere Scherzlieder finden sich in dem Liederbuch:
■ Der Kilometerstein, Voggenreiter-Verlag, Bad Godesberg.

5. Schreibspiele

Stadt – Land – Fluß

Anzahl der Mitspieler beliebig. Benötigt werden eine Zeitung sowie für jeden Bleistift und Papier.
Ein Spieler tippt, ohne hinzuschauen, mit dem Bleistift auf die Zeitung und nennt den Buchstaben, auf den er getippt hat. Dann schreibt jeder in einer bestimmten Zeit (3 oder 5 Minuten) möglichst viele Wörter in eine Tabelle mit folgenden Spaltenüberschriften:
Stadt – Land – Fluß – Tier – Pflanze – Vorname.
Sieger ist, wer die meisten Wörter gefunden hat.
Mögliche Variationen:
■ Jeder darf von jeder Art nur einen Namen aufschreiben. Wer zuerst die Zeile voll hat, ruft »stopp«. Sofort legen alle den Bleistift hin. Jedes Wort zählt als ein Punkt. Nun tippt der nächste Spieler auf die Zeitung ... Ist die Runde beendet, werden die Punkte zusammengezählt.
■ Bei jüngeren Kindern: Wir suchen nur Vornamen und Spielsachen.
■ Bei Jugendlichen: Nur einmal aufgeschriebene Wörter gelten. Nach Beendigung lesen alle vor. Die mehrfach geschriebenen Wörter werden gestrichen. Möglichst ausgefallene Namen haben die meisten Chancen.

Schiffe versenken

Zwei Personen spielen mit. Jeder benötigt kariertes Papier (Rechenheft) und einen Bleistift.
Jeder zeichnet auf sein Blatt ein 10 Kästchen langes und 10 Kästchen breites Quadrat. An die Längsseite werden von oben nach

unten die Buchstaben A–J und an die Querseite von links nach rechts die Zahlen 1–10 geschrieben. Das ist unsere »Seekarte«, auf der jedes Kästchen genau benannt werden kann. So ist »J10« das letzte unten rechts.

Jeder zeichnet in seine Karte folgende »Flotte« ein:

1 Kreuzer = 3 zusammenhängende Karos ☐☐☐
3 Zerstörer = je 2 zusammenhängende Karos ☐☐
5 U-Boote = je 1 Karo ☐

Nun beginnt die »Seeschlacht«. Der erste ruft das Feld aus, auf das er zielt: »Ich schieße bei dir auf F4.« Hat er getroffen, darf er weiterschießen. Sonst ist der Gegner dran. Der Beschossene muß dem Gegner wahrheitsgemäß »Wasser« oder »Treffer« bekanntgeben. Treffer des Gegners werden durch Schwärzen des Kästchens kenntlich gemacht. Damit man nicht umsonst schießt, das heißt auf ein bereits gezieltes Feld, empfiehlt es sich, eine zweite »Gegnerkarte« anzulegen, auf der die eigenen Schüsse und Treffer markiert werden. Wer zuerst alle gegnerischen Schiffe versenkt hat, ist Sieger.

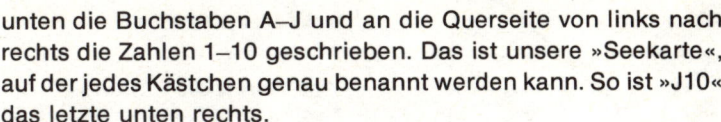

Bandwurm

Zahl der Mitspieler beliebig. Jeder benötigt ein Blatt Papier und einen Bleistift.

Ein zusammengesetztes Hauptwort wird genannt, z.B. »Bandwurm«. Jeder schreibt in einer abgemachten Zeit aus den Buchstaben des Wortes »Bandwurm« möglichst viele neue Wörter auf, etwa »Band, Wurm, du, da, man, Wand, arm«. Wer die meisten Wörter findet, hat die erste Runde gewonnen. Nun nennt der nächste Spieler ein Wort ...

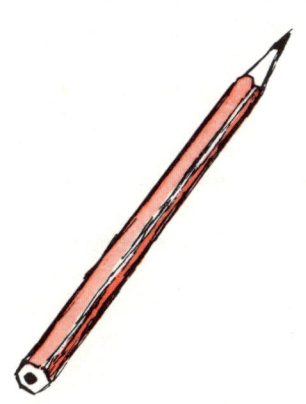

Georg tutet nebenan

Wer kann in 5 Minuten die meisten Wörter aufschreiben, deren Anfangs- und Endbuchstaben gleich sind? – Beispiele: Anna, Tat, Afrika, Nieren, hoch, sonntags usw. Bei erwachsenen Mitspielern oder Jugendlichen empfiehlt sich, an Stelle von Einzelwörtern ganze Sätze zu suchen, z.B. Georg tutet nebenan.

6. Wortspiele

Was bringt die Zeitung?

Die Zeitung bringt bei diesem Spiel nur Hauptwörter, die auf »ung« enden: Verwicklung, Vorsehung, Belästigung, Anmeldung, Gesundung usw. Die Spieler sitzen im Kreis. Einer wirft einem Mitspieler ein geknotetes Tuch zu und ruft: »Was bringt die Zeitung?« Der Angerufene muß ein Wort mit »ung« nennen und das Tuch mit derselben Frage weiterwerfen. Wer nicht sofort antworten kann oder ein Wort sagt, das schon vorgekommen ist, zahlt ein Pfand (siehe S. 45).

Haus-Tür-Schloß

Ein Spieler wirft einem anderen einen Ball zu und sagt dabei ein Wort, das aus zwei Hauptwörtern zusammengesetzt ist, z. B. *Haustür*. Der Angeredete muß sofort ein neues zusammengesetztes Hauptwort nennen, das mit dem zweiten Teil des ersten Wortes beginnt, z. B. *Türschloß*. Dabei wirft er das Tuch einem dritten zu, der in der gleichen Art ein Wort bilden muß, z. B. *Schloßberg*. Wer kein Wort weiß, zahlt ein Pfand (siehe S. 45).

Zungenbrecher

Es kommt darauf an, die Zungenbrecher möglichst oft hintereinander aufzusagen. Wer einen Satz dreimal fehlerlos aufsagen kann, hat die Anfängerprüfung bestanden. Jemand, der es auf zehnmal bringt, ohne sich zu verhaspeln, ist Schnellsprechmeister.
  1. Fischers Fritze fischte frische Fische,
     frische Fische fischte Fischers Fritze.
  2. In Ulm und um Ulm und um Ulm herum.
  3. Die Katze tritt die Treppe krumm,
     krumm tritt die Katze die Treppe.
  4. Der Potsdamer Postkutscher putzt den Potsdamer Postkutschkasten.
  5. Kleinkindkleidchen kleidet klein Kind.
  6. Schnall schnell die Schnall an.

14

7. Sieben Schneeschipper schippen sieben Schippen Schnee.
8. Drei Teertonnen, drei Trantonnen.
9. Zwischen zwei Zwetschgenzweigen zwitschern zwei Schwalben.
10. Scharf schneidet Schneiderschere.

■ Frage: Wer kennt noch Zungenbrecher?

Rätsel und Scherzfragen

Rätsel machen Kindern großen Spaß. Hier 10 Beispiele:

1. Wer geht auf dem Kopf zur Kirche?

(der Hut)

2. Morgens auf vieren, mittags auf zweien, abends auf dreien.
(der Mensch als Baby, als Erwachsener und als Greis)

3. Geht durchs Wasser und wird nicht naß.

(der Schatten)

4. Ich kenne ein Tier, das frißt Papier.

(der Briefkasten)

5. Wer trägt dich und wird zugleich von dir getragen?

(die Schuhsohle)

6. In welchem Monat fressen die Schafe am wenigsten?

(im Februar, denn er hat nur 28 Tage)

7. Hat keine Hände und kann doch schlagen.

(die Uhr)

8. Hast du mich, so bist du unzufrieden; hast du mich nicht, so bist du krank.

(Hunger)

9. Was macht der Storch, wenn er auf einem Bein steht?

(er hebt das andere in die Höhe)

10. Hängt an der Wand, hat den Popo verbrannt.

(die Bratpfanne)

■ Zahlreiche weitere Zungenbrecher und Rätsel finden Sie in dem Buch: Rissel, rassel, rüssel. Kinderreime, Rätselverse,

15

Abzählreime, hg. von D. Rost, Gütersloh 1976 (Gütersloher Taschenbücher 111).

7. Ratespiele

Ratespiele sind bei Kindern ebenso beliebt wie Rätsel. Bekannte Spiele dieser Art sind:

Ich sehe was, was du nicht siehst

Ein Spieler sagt: »Ich sehe was, was du nicht siehst, und das ist rot.« Er hat sich einen Gegenstand im Zimmer ausgesucht und so auf einen Zettel geschrieben, daß den andern die Sicht verwehrt ist, z.B. »rote Vase auf dem Schreibtisch«. Die andern nennen reihum, was sie in Rot entdecken. Wer den richtigen Gegenstand als erster nennt, ist nun dran.
Wird der Gegenstand nach einiger Zeit nicht geraten, kann der »Knobelmeister« das Suchen erleichtern, indem er eine zweite Eigenschaft nennt: »Es ist innen hohl.« Hilft auch das nicht, ist ein weiterer Tip erlaubt: »Aus Glas.«

Personen raten

Bekanntgeworden ist dieses Ratespiel durch Robert Lembkes Fernsehsendung »Was bin ich?«.
Ein Mitspieler wird hinausgeschickt. Nun vereinbaren die anderen eine Person, die durch Fragen erraten werden soll. Es kann jemand aus dem Spielkreis sein oder ein gemeinsamer Bekannter, auch eine bekannte historische oder lebende Person wie Columbus oder Rudi Carrell.
Der Ratende fragt jeden der Reihe nach, aber nur solche Fragen, auf die man mit »Ja« oder »Nein« antworten kann. Weiß man es nicht, so antwortet man nur: »Leberwurst.«
Es empfiehlt sich, nicht planlos zu fragen, sondern sich immer mehr heranzutasten, indem man zuerst allgemeine Fragen stellt, wie: Männlich? – Lebt die Person noch? – Ist die Person in diesem Zimmer? usw.
Haben die Spieler einige Übung oder sind sie etwas älter, emp-

fiehlt es sich, die Bedingungen zu erschweren, z. B. nur 20 Fragen zu erlauben, die direkte Frage: »Ist es der und der?« nur einmal zu gestatten und ähnlich.

Gegenstände raten

In gleicher Art können auch Gegenstände erfragt werden, z. B.:
ein Gegenstand aus dem Raum, in dem man spielt,
ein Gegenstand aus der Stadt, in der man lebt,
ein berühmter Gegenstand aus der Geschichte.

Heiß – kalt

Es soll etwas im Zimmer erraten werden. Ein Mitspieler geht hinaus. Die andern vereinbaren, was er raten soll, z. B. die »Armbanduhr von Klaus«. Nun wird er hereingerufen und geht suchend umher. Die Mitspieler unterstützen seine Suche durch gemeinsames Rufen. Kommt der Sucher in die Nähe des zu erratenden Gegenstandes, rufen sie: »Warm, warm.« Je näher er kommt, desto »wärmer« wird es, bis es »heiß« wird. Entfernt er sich wieder, wird es »kälter« und schließlich »ganz kalt«, wenn er sich weit entfernt. Die Nähe und Ferne vom Gegenstand wird unterstützt durch die Lautstärke. Je näher er am Ziel ist, desto lauter werden die Zurufe.
Rät er nach 3 Minuten den Gegenstand nicht, so wird er ihm »verraten«. Nun ist der nächste an der Reihe.

Detektiv am Tatort

Ein Spieler ist der Detektiv. Er schaut sich alles im Zimmer genau an und wird dann hinausgeschickt. Nun verändern die andern einen Gegenstand. Sie verrücken den Tisch oder ziehen den Vorhang ein Stück zu. Oder sie stellen den Kerzenleuchter vom Regal auf den Tisch. Auch an den Spielern selbst darf etwas verändert werden: Der Vater bindet sich schnell eine Krawatte um, Schuhe werden vertauscht. Danach wird der Detektiv hereingerufen und muß entdecken, was verändert wurde. Kommt er gar nicht drauf, kann man ihm nach einiger Zeit mit »heiß« und »kalt« helfen. Dieses Spiel ist auch bei kleineren Kindern sehr beliebt. Bei älteren Spielern kann man 2, 3 oder mehr Gegenstände auf einmal verändern. Die Zahl wird dem Detektiv genannt.

Teekessel

Bei diesem Spiel geht es darum, ein Wort mit 2 Bedeutungen zu raten. Das ist unser *Teekessel*. Zwei Spieler gehen hinaus und vereinbaren, welche Nuß sie den übrigen zu knacken aufgeben wollen. Dann beginnen sie, den Gegenstand zu umschreiben, erst allgemein, und wenn niemand rät, deutlicher.

A: Mein Teekessel ist eßbar.
B: Mein Teekessel ist meistens rund.
A: Mein Teekessel kommt im Haushalt vor.
B: Meinen Teekessel findet man im Kleiderschrank.
A: Mein Teekessel ist heute unmodern.
B: Mein Teekessel wird bei Frauen auch schnell unmodern ...
Gemeint war hier der »Zuckerhut« und der »Hut als Kopfbedekkung«.

Andere Teekesselwörter:
Bauer   (Vogelbauer und Landwirt),
Blatt   (Papier und Pflanzenteil),
Bett   (Flußbett und Federbett),
Schloß (Gebäude und Türschloß),
Hose   (Kleidungsstück und Windhose),
Feder   (Schreibfeder und Hühnerfeder),
Hahn   (Tier und Wasserhahn).

Wer den »Teekessel« zuerst errät, darf sich einen Mitspieler aussuchen und mit ihm einen neuen »Teekessel« vereinbaren.

8. Streichholzspiele

Man nehme eine Schachtel Streichhölzer und staune, was damit alles möglich ist. Regnerische Tage, einsame Stunden, Langeweile werden im Familien- und Freundeskreis schnell überwunden. Vielleicht kennt jemand aus der Runde weitere Streichholzspielereien als die hier genannten.

Knobeln

28 Streichhölzer werden benötigt. Die Hölzer werden in 7 Reihen untereinander gelegt: erste Reihe 1 Holz, darunter 2 Hölzer, dann 3 usw. Die beiden Spieler nehmen jeweils aus einer Reihe ein oder mehrere Hölzer weg. Wer das letzte behält, hat verloren.

Holz auf den Tisch

Jeder Spieler nimmt bis zu 5 Streichhölzer unter dem Tisch in seine Faust. Der Spielleiter ruft: »Holz auf den Tisch.« Alle legen die geballte Faust auf den Tisch. Reihum – der Spielleiter beginnt – wird geraten, wie viele Hölzer es insgesamt sein könnten. Dann werden alle Hände geöffnet. Wer der richtigen Zahl am nächsten gekommen ist oder sie geraten hat, ist Sieger und beginnt als Spielleiter die nächste Runde.
Bei mehr als 4 Mitspielern empfiehlt es sich, die Höchstzahl auf 3 Hölzer zu begrenzen.

Schwebende Köpfe

»Da liegen 3 Streichhölzer. Wer kann sie so legen, daß keins der Köpfchen den Tisch berührt?«

Lösung: Die Streichhölzer werden so zu einem Dreieck zusammengelegt, daß jedes Köpfchen auf dem Ende des anstoßenden Streichholzes liegt.

Das traurige Schweinchen

Das Schweinchen links unten, aus 15½ Streichhölzern gelegt,

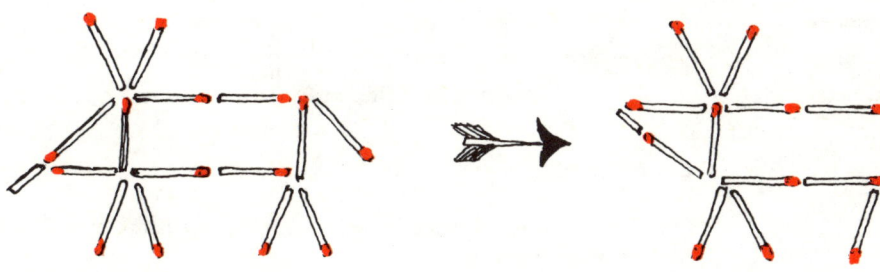

19

macht einen ausgesprochen traurigen Eindruck. Wenn man 3¹/₂ Hölzchen umlegt, kann man es in ein lustiges Schweinchen verwandeln. Es darf kein Streichholz weggenommen und keins hinzugefügt werden!

Das Kreuz

Es werden 12 Streichhölzer, wie links unten gezeigt, auf den Tisch gelegt. »Wer kann daraus ein Kreuz machen? Es dürfen nur 4 Hölzer entfernt werden.« – Nach dem Wegnehmen ergeht an alle die Aufforderung, das Wort zu lesen. »Ist die Ehe etwa kein Kreuz?«

 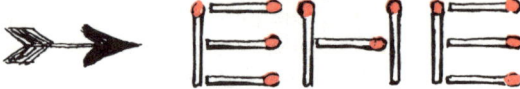

Zahlenzaubereien

Es gibt viele Möglichkeiten, mit Streichhölzern die Mitspielenden an der »Nase herumzuführen«. Zahlen-»Zaubereien« eignen sich besonders gut. Hier zwei Beispiele:

1. Wie werden aus 4 Hölzchen 5, ohne daß ein Hölzchen zerbrochen wird?

2. 14 Streichhölzer liegen wie links unten angeordnet auf dem Tisch. Aufgabe: Nimm 5 Streichhölzer weg und behalte 11 übrig (nicht 9)!

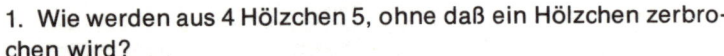
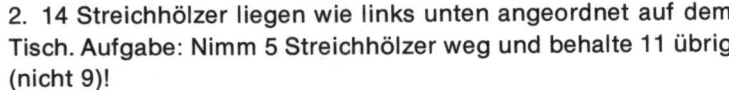

Der Streichholzturm

Für dieses beliebte Spiel braucht man den Inhalt von 3 bis 6 Streichholzschachteln.

20

In die Mitte des Tisches wird eine Weinflasche gestellt. Jeder erhält 10 bis 20 Streichhölzer. Reihum wird ein Hölzchen auf die Flaschenöffnung gelegt, bis allmählich ein Turm entsteht. Bei wem der Turm einstürzt, der muß alle runtergefallenen Hölzchen nehmen. Gewonnen hat, wer zuerst seine Hölzchen losgeworden ist.

Um Streichhölzer würfeln

Benötigt werden 3 Würfel, 1 Lederbecher und für jeden 10 Streichhölzer. Es wird reihum gewürfelt. Bei jeder Eins wird ein Hölzchen an den rechten Nachbarn abgegeben, bei jeder Zwei zum linken Nachbarn, bei einer Sechs wird ein Hölzchen in die Kasse gelegt. Wenn man Pech hat, kann man also bei einem Wurf 3 Hölzchen los werden. Wer nur noch 1 oder 2 Hölzchen hat, muß zuerst die kleinsten Zahlen berücksichtigen, also 1 geht vor 2, 2 vor 6. Wer kein Holz mehr hat, scheidet aus. Gewonnen hat, wer die meisten Streichhölzer übrigbehält.

9. Würfelspiele

Die Würfelleidenschaft ist sehr alt.
Würfel sind nicht nur ein Hilfsmittel, um »Mensch-ärgere-dich-nicht« zu spielen. Würfel allein bieten bereits zahlreiche Spielmöglichkeiten. Man braucht zum Glücksspiel mit den sechs Zahlen nur einige Würfel und einen ledernen Würfelbecher – und natürlich ein wenig Glück. Es gibt viele Spielkombinationen, die sich für die ganze Familie eignen. Einige sind hier beschrieben.

Einundzwanzig

Für dieses Spiel braucht man nur einen Würfel. Jeder darf reihum so lange würfeln, bis die zusammengezählten Augen die Zahl »21« ergeben. Wer darüber kommt, scheidet aus. Wer am nächsten an 21 herankommt, ist Sieger der Runde und erhält einen Pluspunkt. Es werden so viel Runden gespielt, wie Spieler mitspielen. Wer am Schluß die meisten Punkte hat, ist Sieger.

21

Die einundzwanzigste Sechs

Jeder hat reihum einen Wurf mit einem Würfel. Jede Sechs, die fällt, wird notiert. Wer die 21. Sechs wirft, ist Sieger.

Schweinchen würfeln

Jeder Mitspieler benötigt Bleistift und Papier. Es wird reihum mit einem Würfel gewürfelt. Wer eine Eins wirft, darf ein Stück vom »Schweinchen« auf seinen Zettel malen:
beim ersten Mal den Bauch,
dann den Kopf,
dann viermal je ein Bein,
dann den Schwanz,
dann zweimal je ein Auge,
dann zweimal je ein Ohr.
Wer zuerst sein Schweinchen fertig hat, ist Sieger.

Sechserpasch

Es wird mit drei Würfeln und dem Lederbecher reihum gewürfelt. Aufgeschrieben und gewertet werden nur Sechsen. Wer einen »Pasch« (gleiche Zahlen) wirft, darf seine Augen verdoppeln. Drei Sechsen mit einem Wurf (Sechserpasch) zählen sogar 54 Punkte. Sieger ist, wer nach einer vorher ausgemachten Zahl von Runden die meisten Punkte hat.

Einmaleins oder Einsundeins

Jeder hat reihum einen Wurf mit drei Würfeln. Die geworfenen Augen dürfen zusammengezählt oder malgenommen werden, und zwar so, daß immer zwei Zahlen zusammengezählt und die Summe mit der dritten Zahl malgenommen wird. Jeder kann sich die Kombination wählen, bei der er die meisten Augen zu holen glaubt. Sind z. B. 5, 3, 4 gewürfelt, so ist die günstigste Kombination $(3 + 4) \times 5 = 35$. Niemand aus der Runde darf dabei beraten. Wer es versucht, bekommt 10 Minuspunkte. Wer nach 3 Runden die meisten Punkte hat, ist Sieger.

Stumme Jule

Reihum wird mit einem Würfel gewürfelt. Jeder muß die Zahlen von 1 bis 6 würfeln, die Reihenfolge ist beliebig. Wer eine Zahl gewürfelt hat, darf sie auf sein Blatt schreiben. Sind alle 6 Zahlen aufgeschrieben, müssen sie wieder ausgestrichen werden, wie sie gewürfelt werden. Wer zuerst alle Zahlen »ausradiert« hat, ist Sieger.

Warum das Spiel stumme Jule heißt? Ganz einfach: Es darf bei diesem Spiel kein Wort gesprochen werden. Wer redet, muß wieder ganz von vorn anfangen.

10. Kartenspiele

Es gibt zahlreiche Kartenspiele, international bekannte und landschaftlich begrenzte, es gibt alte und junge Spiele. Die »großen« Kartenspiele können aus Platzgründen hier nicht ausführlich beschrieben werden. Ihre Regeln hätten allzuviel Raum beansprucht. Beim Kauf sind die Regeln meistens beigegeben. Am besten lernt man sie von jemandem, der das Spiel kennt.

Klassische Kartenspiele

An erster Stelle ist *Skat* zu nennen, den man zu dritt oder viert spielt. Er ist bei uns so weit verbreitet, daß man Skat als das Nationalspiel der Deutschen bezeichnet.

Skat ist durch seine vielfältigen Kombinationen eins der reizvollsten Kartenspiele, in der Meisterschaft recht kompliziert. Gute Freunde bringen es Ihnen sicherlich bei, auch wenn Sie anfangs manches »Lehrgeld« werden zahlen müssen.

Doppelkopf ist ein Spiel, an dem sich vier oder fünf Spieler beteiligen. Es ist etwas geselliger als Skat, nicht so anstrengend, das Glück spielt mehr mit.

Rommé und *Canasta* sind in letzter Zeit immer beliebter geworden. Zum ersteren gehören 3–6 Spieler, zum letzteren 2–6, in der Regel jedoch 4. Bei beiden Spielen geht es im Gegensatz zu Skat und Doppelkopf nicht um Geld. Beide Spiele haben gewisse Ähnlichkeiten, doch ist Canasta spannender.

23

Kartenspiele für die ganze Familie

Neben den »großen« Spielen stehen die »kleinen«, deren Regeln einfach sind, die sich eher für die ganze Familie, einschließlich der Kinder eignen. Am besten erklärt man die Spielregeln vor dem ersten Spielgang, macht dann ein kurzes Probespiel, bei dem jeder sein Blatt aufgedeckt vor sich hinlegt und alle Fehler berichtigt und erklärt werden. Dann beginnt man mit dem »richtigen« Spiel. Auch hierbei sollten anfangs Fehler noch korrigiert werden dürfen, das heißt, man darf seine Karten zurücknehmen bzw. noch einmal neu ziehen oder ablegen.

Beliebte Spiele dieser Art sind: Schlafmütze, Quartett, Schwarzer Peter, Schnipp-Schnapp, Kartendomino, Sechsundsechzig, Mogeln.

In jedem Spielwarengeschäft kann man sie kaufen. Spielregeln sind fast immer beigefügt.

Patiencen

Patience ist das französische Wort für Geduld, und Geduld muß man schon aufbringen, um eine Patience zu legen. In der Regel spielt man Patience allein. Es kommt darauf an, Karten in bestimmter Reihenfolge zu legen, daß »Familien« oder »Stämme« entstehen. Wenn zum Schluß keine Karte mehr übrigbleibt, ist die Patience aufgegangen, das heißt geglückt. Es gibt über 20 Arten, die sich je nach Schwierigkeit und Kartenzusammensetzung unterscheiden.

Sammeln Sie Patience-Regeln in Ihrem Bekanntenkreis!

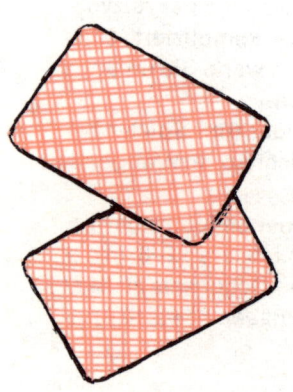

11. Brettspiele

Es gibt die unterschiedlichsten Brettspiele, Schach mit seinen strengen und komplizierten Regeln, reine Glücksspiele, interessante neue Erfindungen und schöne alte Spiele, die lange Zeit in Vergessenheit geraten waren und in jüngster Zeit wieder entdeckt wurden.

Das wohl umfangreichste und vielfältigste Angebot an Brettspielen für jedes Alter hat der *Otto Maier Verlag* in *Ravensburg*.

Für Kinder ist es nicht leicht, die Wechselfälle des Spielverlaufs heiteren Gemüts zu überstehen. Schließlich kann immer nur einer gewinnen. Der schöne Satz des bekannten Brettspiels »Mensch-ärgere-dich-nicht« ist nicht leicht in die Tat umzusetzen.

Warum sollten Eltern ihre Kinder nicht ruhig mal gewinnen lassen? Warum sollte der Vater nicht mal Partei ergreifen und seinen »Verbündeten«, den siebenjährigen Thomas, »schonen«, anstatt ihn »brutal rauszuwerfen«? Sonst gibt es leicht Tränen. Verlieren will gelernt sein.

Kämpfende Schlangen

Neben *Schach, Dame, Mühle* und *Halma*, die weit verbreitet und beliebt sind und mit Recht zum eisernen Bestand der Spielmagazine gehören, haben auch andere Länder interessante Spiele anzubieten.

»Kämpfende Schlangen« ist ein altes indianisches Brettspiel, das man im Fachhandel kaufen kann. 23 schwarze und 23 weiße Steinchen werden so gesetzt, daß die Mittelkreuzungen und die Endpunkte des Spielschemas frei bleiben. Der erste Spieler zieht auf das freie Feld in der Mitte. Sein Gegner überspringt diesen Stein und nimmt ihn weg. Gezogen werden darf nur von Kreuzung zu Kreuzung, außer wenn ein Gegner direkt zu überspringen ist. Sind mehrere Gegner mit jeweils einem Zwischenraum zu überspringen, können auch mehrere Steine auf einmal weggenommen werden. Verloren hat, wer keine Steine mehr besitzt.

Pachisi

Pachisi wird als das älteste aller bekannten Würfelspiele bezeichnet. Es ist eine alte Form des schon genannten »Mensch-ärgere-dich-nicht«. Pachisi hat den Vorteil, daß es nicht gar so brutal ist wie »Mensch-ärgere-dich-nicht«, weil es Ruhebänke gibt, auf denen man vor einem Rausschmiß sicher ist. Ein weiterer Vorteil ist, daß das Brett sehr hübsch aussieht. Das große Spielfeld wurde nach alten Originalen gestaltet, und die bunten Figuren sind groß und handfest.

Auf der Rückseite ist das bekannte Malefizspiel; auch da wirken sich großzügige Gestaltung und Größe der Spielsteine zum Guten aus, weil sie das an sich recht ärgerliche Malefiz weniger »fummelig« machen, als es im kleineren Original ist (Otto Maier Verlag).

Jockey

In der Spielanleitung heißt es: »Dieses spannende Spiel läßt die erregende Atmosphäre eines Rennplatzes erleben.« Und das ist nicht übertrieben. Es geht darum, daß 2–6 Spieler auf der Rennbahn 4 Pferde laufen lassen und sie taktisch zu beeinflussen suchen, nicht mit Würfeln, sondern mit Karten, mit deren Hilfe man strategische Pläne ausarbeitet und Wetten abschließt. Glück und Geschick sind in gleicher Weise mitbeteiligt bei diesem Spiel, das eigentlich für Erwachsene gedacht ist, aber ebensogut mit Kindern ab etwa zehn Jahren gespielt werden kann (Otto Maier Verlag).

■ Bleibt nur noch die Frage: Wer holt die Brettspiele der Familie aus der Schublade?

12. Rund um den Tisch

Neben den Brettspielen gibt es zahlreiche andere Spiele »rund um den Tisch«. Dazu gehören:

Roulette

Holen Sie sich die große Welt ins Haus! Unter dem Motto »Heimcasino« wird mit Freunden und Bekannten ein Roulette-Abend gestartet. Das prickelnde Gefühl beim Rollen der Kugel, die Spannung, bis die Glückszahl feststeht – Erleichterung, Jubel oder Enttäuschung, Gewinn oder Verlust –, das ist echte Atmosphäre für Spielernaturen. Daß es nur um Spielmarken geht, beruhigt trotz allem schnell wieder die Gemüter. Die Regeln sind nicht kompliziert, Heimroulette kann sich jeder leisten.

Tischfußball

Beim Tischfußball kann die ganze Familie ihre Geschicklichkeit und ihr Können unter Beweis stellen. Es gibt verschiedene Spiele von »Tipp-Kick« bis hin zu den Fußballspieltischen mit Stangen, wie sie in Lokalen anzutreffen sind.

Pfennigfußball

Die einfachste Form von Tischfußball für 2 Spieler ist Pfennigfußball. 3 Kupferpfennige werden in die Tischmitte gelegt, mit etwas Abstand voneinander in eine Reihe, wie Stürmer auf dem Fußballplatz. Es geht darum, den mittleren Pfennig mit einem Fingerschubs oder einem Pappstückchen durch die beiden äußeren zu schießen. Der Spieler bestimmt, welcher Pfennig jeweils der mittlere, »der Ball«, sein soll. An den Schmalseiten des Tisches werden zwei Tore markiert, auf die geschossen wird. Gespielt wird Zug um Zug abwechselnd. Wird der Ball ins Tor oder ins Aus geschossen, ist der Gegenspieler dran, und zwar wieder von der Mitte aus. Die Spielzeit wird vorher ausgemacht.

Scrabble

Dieses Spiel mit Buchstaben hat in den letzten Jahren weite Verbreitung gefunden. Jeder Teilnehmer erhält den gleichen Anteil kleiner Buchstaben-Klötze. Einer fängt an und legt ein Wort, z. B. SPIEL. Der nächste benutzt das S und macht SALAT daraus, nach oben oder unten angelegt. Es dürfen immer nur ganze Wörter gelegt werden. Jedes Wort gibt einen Punkt. Das Spiel gibt es in abgewandelter Form als ein »stehendes Gitter«, das zwischen die Spieler gestellt wird. Eine leichtere Form ist als »Scrabble für die Jugend« auf dem Markt.

Puzzle

Puzzles sind beliebte Geduldspiele. In manchen Familien puzzeln alle, vom Jüngsten angefangen bis zum Opa. Puzzles gibt es in allen Schwierigkeitsgraden: für die Kleinen Bilder, die nur in wenige Teile zerlegt sind, für die Fortgeschrittenen Puzzles mit 500 oder gar 1000 Teilen, mit denen man sich stunden-, ja tagelang beschäftigt. Formsinn, Gedächtnis, Kombinationsvermögen und natürlich Geduld sind notwendig, um ein Puzzle zu legen. Für jeden ist in der großen Auswahl ein passendes Bild dabei. Wie wär's also mit einem Puzzle zum nächsten Geburtstag, zu Weihnachten?

Domino

Altbekannt und immer wieder gespielt: das Legespiel mit den Brettchen aus Holz oder Kunststoff. Auf der Oberseite sind zwei Felder mit einer bestimmten Zahl von Punkten. Die Steine sind so aneinanderzulegen, daß die Punktzahl an der Nahtstelle übereinstimmt. Wer zuerst keine Steine mehr hat, ist Sieger. Dieses einfache Anlegespiel, das man in mehreren Variationen spielen kann, verstehen schon Kinder, aber auch Erwachsene raufen sich die Haare in manchmal ausweglosen Situationen. Ein rechtes Familienspiel!
Für Vorschulkinder gibt es ein »Bilderdomino«, das aus 36 stabilen Bilder-Karten besteht, die aneinandergelegt werden müssen (Otto Maier, Ravensburg).

Nuß-Boccia

Jeder erhält die gleiche Anzahl von Nüssen. In die Mitte des Tisches wird eine vergoldete Nuß gelegt. Der Reihe nach versucht jeder, die Nuß in der Mitte zu treffen. Das geht wie beim Boccia auf der Wiese. Also nicht wild werfen, sondern vorsichtig zielen! Vorbeigeschossene Nüsse bleiben auf dem Tisch liegen. Wer die vergoldete Nuß getroffen hat, darf alle auf dem Tisch liegenden Nüsse kassieren. Ein neues Spiel beginnt. Beschaffen Sie sich ordentlich Nüsse, und los geht's mit dem Nuß-Boccia, das sich gut eignet, wenn Kinder unter sich spielen, etwa auf einer Geburtstagsparty.

Labyrinth

Es macht immer wieder Spaß, die etwa einen Zentimeter starke Stahlkugel über das bewegliche Brett zu lenken, einen vorge-

zeichneten Weg entlang, der an 40 Löchern vorbeikommt bis zum Ziel. Labyrinth ist ein ausgesprochenes Geschicklichkeitsspiel, das anfangs sehr schwer erscheint, doch bald besser beherrscht wird. Die Bewegungen des in einem Kasten montierten Laufbrettes werden mit Hilfe von zwei Drehknöpfen an den Seiten des Kastens gesteuert. Dieses Spiel kostet etwa 50,– DM und wird in einschlägigen Geschäften angeboten.
Vertrieb: Wilh. Möller, John Hess Nachf., Postfach, 2000 Hamburg, sowie: Rudolf Finke, Postfach, 8000 München.

Forma

Man braucht einen Blick für geometrische Figuren. Es kommt darauf an, die quadratisch oder rechteckig, T- oder L-förmig geschnittenen Steine so auf das Spielbrett zu legen, daß bestimmte Felder eingeschlossen werden oder von einer Seite des Brettes zur gegenüberliegenden eine Verbindung hergestellt wird. Dafür gibt es dann Punkte. Forma kann zu zweit oder viert gespielt werden. Jeder Spieler erhält gleichviele und gleich geschnittene Formen einer Farbe. Gelegt wird abwechselnd. Es ist ein Spiel überraschender Möglichkeiten und großer Vielfalt. Kinder ab etwa zehn Jahren können mitmachen.

13. Kasperletheater

So alt wie der Kasper ist, so faszinierend bleibt er, nicht nur für Kinder. Ich meine, in keiner Familie sollte das Kasperletheater fehlen. Es ist für Kinder ein Erlebnis, das durch keine Technik, auch nicht durchs Fernsehen, zu ersetzen ist.
Bei den Handpuppen sind Holzköpfe am geeignetsten. Sie sind stabil, vertragen einen Puff und sind in der Regel geschmackvoller als die weichen Gummifratzen.
An Puppen kann man zunächst kaufen:
Kasper, König, Prinzessin, Hexe, Teufel, Räuber, Großmutter, Gretel, Polizist, Krokodil.
Als Ergänzung können genommen werden:
Zauberer, Seppel, ein Herr, Richter, Prinz, Hund, Hase, Neger, Dame, Junge, Mädchen.

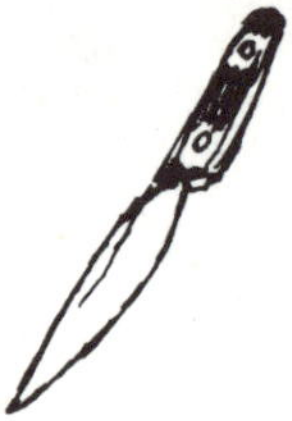

Gute Kasperlepuppen gibt es in größeren Fachgeschäften oder aber auch bei:

■ Fröbelhaus Berthold Widmaier, Postfach 326, 7300 Esslingen/Neckar, (pro Stück einschließlich Bekleidung zwischen 10,– und 20,– DM).

■ Die Hohnsteiner Werkstatt, Holsterhauser Straße 23/III, 4300 Essen/Ruhr.
Hier können Sie die Original Hohnsteiner Puppenspielköpfe, handgeschnitzt, beziehen. Es sind die besten Puppen auf dem deutschen Markt. Natürlich sind sie nicht billig. Je nach Größe kosten sie fertig bekleidet pro Figur zwischen 25,– und 50,– DM. Für den »Hausgebrauch« empfiehlt sich die kleinere Ausführung.

Eine Tischpuppenbühne kann man in Fachgeschäften kaufen oder aber selber basteln: ein Gestell aus Holz mit einer Fensterluke, die mit einem Vorhang verschlossen wird. Vielleicht für den Hintergrund Stoff, mit verschiedenen Szenen bedruckt, als Kulisse. Eine Wolldecke, zwischen einen Türrahmen gespannt,

30

tut es auch. Wichtiger als die Bühne ist das Spiel mit den Puppen.

Kasperlestücke zum Nachspielen gibt es in Büchern und auf Schallplatten (auch bei der Hohnsteiner Werkstatt). Am schönsten für Kinder und Eltern aber bleiben die selbsterfundenen.

Kasperletheater kann an Regentagen und bei Geburtstagspartys eine Freude für die ganze Familie sein. Allerdings genügt es nicht, die Requisiten zu kaufen und dann die Kinder sich selber zu überlassen. So gern Kinder ihrer Fantasie freien Lauf lassen und so gern sie für sich selber spielen, so sehr schätzen sie es, Zuschauer zu sein, wenn Vater und Mutter spielen. Man darf nicht vergessen, daß es jüngeren Kindern nicht leichtfällt, Handlungen zu erfinden, laut zu sprechen, die Figuren sichtbar und gerade zu halten und all das zur gleichen Zeit. Denkt man an das eine, vergißt man das andere. So kann durch technische Schwierigkeiten die Ausdauer schnell erlahmen. Spielen die Eltern jedoch ab und zu kleine Geschichten vor, so spielen Kinder sie begeistert nach.

Und noch ein Geheimtip für besonders Interessierte: Wie wär's mit Marionetten? Umwerfend komisch und faszinierend sind die Bewegungen des Gliederschlenkervolkes, wenn man es richtig an der Strippe hat. Es ist gar nicht so schwierig, die Figuren mit Hilfe des »Fadenkreuzes«, an dem sie hängen, zum Leben und zu koordinierten Bewegungen zu bringen. Eine Bühne ist überflüssig. Wenn Vater oder Mutter die Marionetten tanzen lassen und mit ihnen kleine Szenen aufführen, sind Jubel und Faszination so groß, daß Kinder nach kurzer Zeit nur noch die Figuren sehen, den »Drahtzieher« jedoch kaum noch bemerken. Beim schon genannten Fröbelhaus Widmaier (siehe S. 30) gibt es Marionetten für etwa 30,– DM die Figur.

14. Zaubern

Geheimnisvolle Magie! Viele Tricks sind leicht zu erlernen. Für manche braucht man allerdings Geschick und Geduld, um sie einzuüben. Kartenspielereien, Zukunft weissagen und »faule« Zaubertricks gehören natürlich dazu. Spaß macht es in jedem Fall. Auf einer Kinderparty werden leichte Tricks hinterher verraten. Wer es selber rausbekommt, wird Zauberlehrling.

Ausgekochte »Profis« können auch Erwachsene faszinieren.
Sie können Profi werden, wenn Sie

■ die Tricks so lange üben, bis es hundertprozentig klappt,
■ es verstehen, durch Worte geschickt abzulenken,
■ nicht zu nahe an die Zuschauer herangehen,
■ jeden Trick nur einmal vormachen,
■ niemals einen Trick verraten.

Hier einige kleine Tricks, die nicht unbedingt ernst genommen
werden wollen und auch Anfängern gelingen:

Die verhexten Gläser

Drei Gläser stehen in einer Reihe auf dem Tisch. Jemand aus der
Gesellschaft soll, während der Zauberer das Zimmer verläßt, auf
eines der drei Gläser zeigen. Nun kommt der Zauberer herein,
schaut die Gläser durchbohrend an und findet das richtige Glas
heraus.

Auflösung: Der Zauberer braucht einen Gehilfen. Der raucht eine
Zigarette. Je nachdem, welches Glas gemeint ist, hängt sie im
rechten oder linken Mundwinkel oder in der Mitte.

Die volle Streichholzschachtel

Sie brauchen drei gleich aussehende Streichholzschachteln.
Diese liegen auf einer Serviette auf dem Tisch. Sorgen Sie dafür,
daß keiner Ihrer Gäste sehen kann, welche Schachteln leer sind.
Und nun legen Sie die Schachteln in eine andere Reihenfolge, so,
wie Ihre Mitspieler es verlangen; diese dürfen dann bestimmen,
welche Schachtel Sie hochheben sollen. Sie haben, wie Sie durch
Schüttelgeräusch zeigen, die volle erwischt. Lassen Sie die anderen ruhig von den Mitspielern schütteln zum Beweis dafür, daß
diese Schachteln leer sind. Wiederholen Sie das Spiel mehrmals.
Sie werden immer die volle Schachtel schütteln.

Auflösung: Alle Schachteln sind leer. Das Schüttelgeräusch
kommt von einer vollen Schachtel, die Sie mit einem Gummiband
am anderen Handgelenk befestigt haben.

32

Das richtige Geldstück

Der Zauberer ist aus dem Zimmer gegangen. Drei gleiche Geldstücke liegen auf dem Tisch. Eines der Geldstücke wird mit einem kleinen Bleistiftkreuz gekennzeichnet. Dieses gekennzeichnete Geldstück nimmt einer der Zuschauer fest in die Hand. Jetzt darf der Zauberer wieder hereinkommen. Er legt die zwei übrigen Geldstücke in eine Schale und läßt sich anschließend die Augen verbinden. Das dritte Geldstück wird nun schnell zu den anderen beiden dazugelegt. Nun muß der Zauberer herausfinden, welches der drei Geldstücke das gekennzeichnete ist. Sorgfältig nimmt er ein Stück nach dem anderen in die Hand, und triumphierend hält er nach kurzer Zeit das richtige Geldstück in die Höhe.

Auflösung: Das gekennzeichnete Geldstück ist in der Hand des Zuschauers warm geworden. Deshalb kann es der Zauberer mit Leichtigkeit herausfinden.

Das singende Bild

Nachdem der Zauberer vor die Tür gegangen ist, gibt der Gehilfe einem der Anwesenden ein mit Deckfarben oder Wachsmalstiften gemaltes Bild, auf dem man einen Mann erkennt, der aus voller Kehle singt. Der Zuschauer faltet das Bild und steckt es sich in die Tasche oder unter den Pullover. Jetzt darf der Zauberer wieder hereinkommen. Seine Aufgabe ist es, denjenigen herauszufinden, der das »singende Bild« bei sich trägt. Vornübergebeugt geht er lauschend von einem zum anderen und zeigt plötzlich auf denjenigen, der das Bild eingesteckt hat.

Auflösung: Bei diesem Trick braucht der Zauberer einen Gehilfen. Der Gehilfe hat dieselbe Haltung und denselben Gesichtsausdruck eingenommen wie derjenige, der das »singende Bild« eingesteckt hat.

Die klugen Fingerspitzen

Aus einer Zeichenblockrückseite werden drei Pappstreifen geschnitten, die in drei Briefumschläge hineinpassen. Alle drei Pappstreifen werden angemalt. Der eine rot, der andere blau und der dritte gelb. Jetzt geht der Zauberer aus dem Zimmer. In der Zwischenzeit stecken die Zuschauer jeden der drei Pappstreifen in einen Briefumschlag. Dann darf der Zauberer wieder ins Zimmer kommen. Ihm werden die Augen verbunden. Nun soll er erraten, welche Farbe in welchem Briefumschlag liegt. Vorsichtig nimmt er einen Briefumschlag nach dem anderen in die Hand und tastet sie sorgfältig ab. Nach kurzer Zeit hat er die Lösung.

Auflösung: Der gelbe Kartonstreifen paßt genau in den Umschlag hinein. Der rote ist etwas schmaler als der Umschlag und der blaue nicht ganz so lang. Durch das Abtasten kann der Zauberer also genau und schnell feststellen, welcher Streifen in welchem Umschlag ist.

15. Wetten, daß ...

Es gibt viele Tricks, die sich hervorragend zum Wetten eignen. Oft handelt es sich dabei um physikalische Gesetzmäßigkeiten. Oder aber die Anwesenden werden durch kleine »Gaunereien« hereingelegt. Spaß und Spannung gibt es auf jeden Fall.
Man braucht nicht unbedingt zu wetten, sondern kann auch die Gäste fragen: »Wer kann ...?«
Bitten Sie darum, daß derjenige, der den Trick bereits kennt, ihn nicht verrät, und lassen Sie dann alle einige Zeit knobeln und raten, ehe Sie vormachen, wie es geht.

Der Trick mit der Kleiderbürste

Wetten, daß Sie Ihren Ohren und Ihrem Tastsinn nicht trauen können?

Lösung: Sie brauchen zwei verschieden harte Kleiderbürsten. Der Mitspieler wendet Ihnen den Rücken zu. Mit der einen Hand bürsten Sie sich selbst vorn den Bauch. Im gleichen Rhythmus streichen Sie mit der anderen leeren Hand dem Mitspieler über den Rücken. Dasselbe geschieht mit der anderen Bürste. Nun fragen Sie ihn: Welche Bürste war härter?
Die Antwort ist in jedem Fall falsch. Jeder läßt sich täuschen von seinen Sinnen. Auch wer den Trick kennt, fällt herein.

34

Der Trick mit dem Bierdeckel

Auf ein Glas legen Sie einen Bierdeckel und darauf ein Geldstück.
Frage: Wie kann man das Geldstück ins Glas bekommen, ohne es zu berühren? – Alle überlegen.

Lösung: Man schnipst mit dem Mittelfinger am Daumen entlang den Bierdeckel schnell weg. Das Geldstück fällt ins Glas.

Der Trick mit der Blumenvase

Aus einer Blumenvase werden die Blumen herausgenommen und das Wasser ausgeschüttet.
Frage: Wer kann die Vase umpusten? Jeder darf es versuchen.

Lösung: Eine Plastiktüte wird auf den Boden ausgebreitet und die Vase darauf gestellt. Man faßt die offene Seite der Tüte etwas zusammen und pustet ohne Anstrengung die Tüte auf – und die Vase fällt um.

Der Trick mit dem leeren Wasserglas

Kann man ein leeres, nicht mit Klebstoff präpariertes Glas mit der flachen Hand hochheben?

Lösung: Man nehme ein leeres Glas, werfe ein brennendes Streichholz hinein und drücke die innere Handfläche luftdicht auf den Rand. Damit Sie sich nicht verbrennen, das Glas etwas schräg halten!
Sobald das Hölzchen erlischt, ist der Unterdruck im Glas so groß, daß es klebt.
Nicht gleich Kristall nehmen. Probieren Sie es erst mit billigem Glas.

16. Lustiges für die Kinderparty

Kinder lieben Partys, bei denen sie lustige Spiele machen dürfen. Zum Glück gibt es genügend davon. Hier einige Anregungen. Bei Jüngeren spielen Mutter oder Vater mit. Ältere spielen gern allein. Das gastgebende Kind übt vorher mit der Mutter die Spiele ein.

Fadenziehen

Man knotet in der Mitte eines ungefähr ein Meter langen Fadens ein Bonbon fest. Zwei Spieler nehmen die Fadenenden in den Mund, und auf »Los!« versuchen beide, den Faden an sich zu ziehen. Der Faden wird reißen, und Sieger ist, an wessen Fadenende das Bonbon hängenbleibt.

Jakob und Jakobinchen

Zwei Mitspielenden werden die Augen verbunden. In der Mitte des Spielkreises wird ein Tisch aufgestellt, um diesen herum müssen sich die beiden suchen. Sie rufen dabei »Jakobinchen, wo bist du?« oder »Jakob, wo bist du?«. Jakobinchen entflieht, während Jakob sie nach dem Klang der Stimme zu fangen sucht. Man kann das Spiel natürlich auch ohne Tisch spielen. Jakobinchen antwortet dann »hier«, und läuft leise weiter.

Storch im Salat

Jedes Kind muß versuchen, so vorsichtig über eine Reihe leerer Flaschen zu steigen, daß keine umfällt. Dann werden einem Kind die Augen verbunden und – leise alle Flaschen weggenommen. Es sieht schon sehr komisch aus, wenn das Kind jetzt wie der »Storch im Salat« über Flaschen steigt, die gar nicht mehr da sind.

Hänschen, piep mal

Man sitzt ohne Tisch im Kreis. Ein Mitspieler bekommt die Augen verbunden und wird inmitten des Kreises ein paarmal kräftig um sich selbst gedreht. Nun muß er sich vorsichtig irgendeinem Spieler auf den Schoß setzen und sagen: »Hänschen, piep mal!« Aus der Stimme des Betreffenden muß er raten, wer dieser ist. Errät er es, so muß der andere seinen Platz einnehmen. Errät er es nicht, so muß er weitergehen und sich auf einen anderen Schoß setzen. Befühlen und Betasten ist verboten.

Flasche öffnen

Eine Plastikflasche, die ein kleines Loch im Boden hat, wird mit Wasser gefüllt und verschraubt. Ein Kind soll sie in die linke Hosentasche stecken und versuchen, sie mit der rechten Hand zu öffnen.
Der Knalleffekt: Wenn die Flasche offen ist, tropft das Wasser langsam in die Hosentasche.

Alle Vögel fliegen hoch

Hier heißt es aufgepaßt! Die Kinder sitzen am Tisch. Der Spielleiter sagt: »Alle meine Gesellen, fleißig an die Arbeit«, wobei alle mit den Zeigefingern auf die Tischplatte trommeln. »Alle Vögel fliegen hoch!« kommandiert der Spielleiter weiter, und die Mitspieler werfen ihre Arme in die Luft. Dann wird wieder getrommelt. »Alle Flugzeuge fliegen hoch!« kann der Spielleiter nun befehlen. Oder: »Alle Bienen fliegen hoch!« Immer werfen die Mitspieler ihre Arme in die Luft.
Aber es darf getäuscht werden. »Alle Pferde fliegen hoch!« diktiert der Spielleiter plötzlich. Nennt er etwas, was in Wirklichkeit nicht fliegen kann, muß eisern weitergetrommelt werden. Wer nicht aufpaßt, muß ein Pfand abgeben (siehe S. 45).

An die Decke heben

Dem mutigsten von allen Mitspielern werden die Augen verbunden: Er soll auf einem Brett bis an die Zimmerdecke gehoben

werden – was natürlich nicht geschieht. Er wird höchstens 20 cm hochgehoben, dann senkt man langsam ein zweites Brett auf seinen Kopf. Dadurch glaubt er, tatsächlich oben an der Zimmerdecke zu sein.

17. Partyspiele

Partyspiele dürfen nicht auf Kommando gespielt werden. Junge Leute haben manchmal keinen Sinn dafür. Aber oftmals wird der Wunsch nach einem netten Gesellschaftsspiel oder Tanzspiel laut. Dann muß man einiges »auf Lager« haben, zum Beispiel:

Huttanz

Während des Tanzens bekommt einer einen Hut aufgesetzt. Er muß diesen so schnell wie möglich einem anderen auf den Kopf setzen. Plötzlich setzt die Musik aus. Der Tänzer, der in dem Moment den Hut auf dem Kopf hat, muß ausscheiden. Ebenso sein Tanzpartner. So geht das Spiel weiter, bis das letzte Paar übrigbleibt.

Ballontanz

Jedes Paar bekommt einen Luftballon. Der wird mit einer 1 Meter langen Schnur ans Bein gebunden. Beim Tanzen muß jeder darauf achten, daß der eigene Ballon nicht kaputt geht, aber versuchen, die Luftballons der anderen Paare zu zertreten. Das Paar mit dem letzten Ballon ist Sieger. An Preise denken!
Eine Variation ist: Jedes Paar hält beim Tanzen zwischen den Köpfen einen Luftballon. Wer zuletzt mit Ballon tanzt, hat gewonnen.

Das Spiel mit dem Geld

Wissen Sie, wieviel Geld Sie in der Tasche haben? Nein? Auf Ihrer Party werden die Leute nicht mal wissen, wieviel sie in der Hand haben.
Wer's nicht glaubt, dem werden die Augen verbunden. Dann wer-

den etwa zehn verschiedene Geldstücke vor ihn hingelegt. Nur durch Betasten müssen die Kandidaten nun erraten, wieviel Geld vor ihnen liegt.

Das ist außerordentlich schwer. Vor allem, wenn man die Gesamtsumme des vor einem liegenden Geldes angeben soll. Versuchen Sie's mal!

Die typischen Witze

Kennen Sie sich gut? Wirklich? Kennen Sie Ihre Freunde gut? – Dann testen Sie sich selbst mal mit Ihren Partyfreunden.

Jeder schreibt, ohne daß der Nachbar es sieht, einen für sich selber typischen Witz auf einen Zettel. Die Zettel werden eingesammelt. Der Gastgeber liest vor und läßt raten, wer welchen Witz geschrieben hat. Bitte begründen, warum! Hinterher meldet sich der Witzeschreiber.

Sie werden schallend lachen, was da herauskommt. Bitte nur mit solchen Leuten spielen, die Spaß vertragen.

Händchengeben

Bei diesem Spiel werden einem Ihrer Party-Kandidaten die Augen verbunden.

Der Reihe nach geben ihm alle Gäste die Hand, und er muß nun raten, welches die Hand seines Ehepartners, die des Freundes oder der Freundin war.

Der Super-Kraft-Akt

Vier zarte Damen sind imstande, einen ausgewachsenen Mann mit Wohlstandsbauch nur mit je zwei Fingern hochzuheben, samt Stuhl! Ja, die vier Damen können sogar den Mann samt Stuhl über einen anderen leeren Stuhl hinwegheben.

Die vier Damen stellen sich zu beiden Seiten des Holzstuhls auf, den unser »Versuchsmännchen« bereits besetzt hat. Nun greift jede mit zwei Fingern einer Hand (die andere kommt auf den Rükken) unter den festen Sitz des Stuhls, zwei links und rechts vorn, zwei hinten an der Lehne.

Auf ein Zeichen geht's los! Erst sammeln – tief einatmen und –

41

hoch! Es geht ganz leicht, jeder kann es nachmachen, wenn auf folgendes geachtet wird:
Die Damen müssen
- sich stark auf ihre Aufgabe konzentrieren,
- den festen Willen haben, es zu schaffen,
- genau auf die Zurufe des Spielleiters hören.

18. Lernen mit Spaß

Kreuzworträtsel

Kreuzworträtsel lösen macht groß und klein Spaß. In vielen Zeitungen, in fast allen Illustrierten finden Sie welche. Es gibt auch Rätselhefte in verschiedenen Schwierigkeitsgraden zu kaufen. Noch interessanter ist es, selber Rätsel zu erfinden. Sie nehmen eine leere Seite aus dem Rechenheft, bilden ein Muster aus schwarzen Kästchen und benutzen die freien Kästchen, um Wörter zu finden, die genau in die Lücken passen. Waagerecht und senkrecht muß stimmen. Am besten fangen Sie mit 10 Längs- und 10 Querkästchen an. Später steigern wir die Größe.

Schulfunk – Schulfernsehen

Halten Sie Ihre Kinder an, Schulfunk zu hören und Sendungen des Schulfernsehens zu sehen. Es gibt für jeden etwas Interessantes dabei. Auch Erwachsene können davon lernen. Suchen Sie aus dem Programm heraus, was interessiert. Die Sendungen vom Vormittag werden nachmittags wiederholt.

Bildungsfernsehen

Das Fernsehen bringt nicht nur Krimis und Unterhaltung, sondern viele lehrreiche Sendungen, Diskussionen, Dokumentar- und Kulturfilme, Sprachen, Programmierlehrgänge und vieles mehr. Machen Sie mit. Es gibt sicher Kurse, die Sie nicht als unangenehme Arbeit empfinden. Nehmen Sie das Fernsehprogramm und streichen jede Woche an, was Sie anspricht. Wählen Sie davon einige Sendungen aus.

Tonbandexperimente

Mit einem Tonband oder Casettenrecorder kann man viel anfangen, z. B. Geschichten und Gedichte auf Band sprechen, um sich selbst zu hören und zu korrigieren. Auch ein selbst gespieltes Musikstück wird aufgenommen, um Fortschritte festzustellen. Ein besonderer Reiz: Selber ein Hörspiel erfinden und aufnehmen. Leichter ist es, eine Geschichte aus einem Buch zu einem Hörspiel umzuschreiben.

Fotolabor im Badezimmer

Eine Möglichkeit, mehr Spaß am Fotografieren zu bekommen, ist das Fotolabor im Badezimmer. Man braucht kein Fotolaborant zu sein, um selbstgeschossene Bilder zu entwickeln. In jedem Fotogeschäft gibt es das notwendige Zubehör für den Hobbyfotografen, natürlich nur für Schwarzweißaufnahmen. Das Badezimmer wird verdunkelt und erhält zusätzlich blaurotes Licht.

■ Zahlreiche Broschüren »Foto und Magnetband« von: Agfa-Gevaert, MFS-Druckschriften, Byerwerk, 5090 Leverkusen. (Prospekt anfordern!)

Memory

Was taugt unser Gedächtnis? Memory trainiert es. Bunte, mit Bildern bedruckte Kartenpaare werden gut gemischt und mit der Rückseite nach oben gelegt. Jeder Spieler darf zwei Karten umdrehen und allen zeigen. Wenn es kein Paar ist, muß er sie zurücklegen. Ist es ein Paar, darf er es ablegen. Wer die meisten Paare hat, verfügt über das beste Gedächtnis und ist Sieger. Sie werden staunen, wie gut sich Kinder merken können, wo die vorhin hochgehobene Karte liegt.
Memory-Spiele gibt es in vielen Variationen und Schwierigkeitsgraden in jedem Spielwarengeschäft.

19. Pfänder auslösen

Viele Gesellschaftsspiele sind Pfänderspiele. Jeder Verlierer muß ein Pfand aus seinem Besitz abgeben, das er dann später auslöst. Sind genug Pfänder gesammelt, werden einem Mitspieler die Augen verbunden. Er setzt sich hin, während ein anderer ein Pfand hochhebt, dreimal auf den Rücken des Sitzenden klopft und fragt: »Buck, buck, buck, was soll der tun, dem dieses Pfand gehört?« Nun stellt der Sitzende eine Aufgabe, die sofort ausgeführt wird. So geht es weiter, bis alle Pfänder eingelöst sind. Es empfiehlt sich, als Aufgabensteller einen Älteren zu wählen oder jemanden, der das schon öfter gemacht hat.

Als Aufgaben eignen sich:
1. Wie ein Hund bellen –
2. Die Stimme eines anderen Tieres nachmachen –
3. Auf einem Bein stehend bis 20 zählen –
4. Auf einem Bein hüpfen und sich vor jedem verbeugen –
5. Ein Gedicht aufsagen –
6. Ein Lied singen –
7. Einen Traum erzählen –
8. Sich auf den Boden setzen und aufstehen, ohne die Hände zu benutzen –
9. Jedem etwas Schönes ins Ohr sagen –
10. Auf einen Anwesenden eine Lobrede halten –
11. Seinen größten Fehler nennen –
12. Zehn Sekunden pfeifen, ohne zu lachen –
13. Sein lustigstes Erlebnis erzählen –
14. Zu einer Schallplatte dirigieren –
15. Pantomimisch einen Tisch decken –
16. Eine selbstgewählte pantomimische Kurzszene spielen –
17. Von 200 rückwärts bis 170 zählen –
18. Von 1090 vorwärts zählen, 20 Zahlen weiter –
19. Eine Zeitungsnotiz nach einer bekannten Melodie singen –
20. Einen Satz sagen, in dem kein »r« vorkommt –
21. Jeden Anwesenden mit einer Pflanze (oder einem Tier) vergleichen –
22. Aus zwei genannten Wörtern einen sinnvollen Satz bilden –
23. Eine Lügengeschichte erzählen –

24. Das Abc rückwärts aufsagen –
25. Einen Witz erzählen.

20. Spielsachen, die nichts kosten

Kinder im Vorschul- und Grundschulalter spielen beinahe mit allen Dingen, die sie in die Hände bekommen. Sie probieren ihre Kräfte aus, suchen Abenteuer, wollen die Umwelt kennenlernen, wollen ihre eigene Welt gestalten.
Geben wir ihnen reichlich Gelegenheit und viel Material: Abfallprodukte des täglichen Lebens, unbrauchbar Gewordenes aus der Welt der Erwachsenen, Dinge aus der Natur und künstliche Werkstoffe. Sie kosten nichts, vertreiben die Langeweile, regen die Fantasie an und sind leicht zu beschaffen.

Verkleiden

In einen großen Pappkarton kommen ausgediente Kleidungsstücke und andere Utensilien: Schuhe und Hüte, Nachthemden und Kleider, Jacken und Hosen, Blusen und Röcke, Brillengestelle, Gürtel, Handschuhe, Handtaschen, Modeschmuck und anderes.

Mit Hammer und Zange

Technische Geräte, die unbrauchbar geworden sind, werden auseinandergenommen und untersucht: Wecker, Rasierapparat, Kofferradio, sonstige kleinere Maschinen.

Wasser

In der Badewanne und am Spülstein können Kinder sich stundenlang beschäftigen: Töpfchen ein- und ausfüllen, Schiffchen schwimmen lassen, waschen, spritzen und planschen. Es eignen sich: Plastikbecher, Dosen aller Art, Spritzflaschen, Puppenwäsche, Schwamm und Waschlappen, Schwimmtiere und Schiffchen.

Reißen, Schneiden, Kleben

Benötigt werden Schere, Papier und Pappe, ein Heft zum Einkleben, Papierkleber, eine alte Illustrierte, ein Versandhauskatalog, beschriebene Ansichtskarten.

Hütten bauen

Unter dem Tisch oder im Kinderzimmer entstehen Hütten und Höhlen aus Decken und Tüchern, großen Pappkartons, Stühlen und Hockern.

Ausräumen

Ein beliebtes Spiel für Zwei- und Dreijährige ist das Auspacken von Handtaschen, Aktentaschen und Schubladen. Beim Einräumen hilft die Mutter.

Auf der Schreibmaschine tippen

Grundschüler können angehalten werden, auf der Schreibmaschine zu tippen, ohne sie gleich kaputtzumachen. Sie lernen nebenbei das Abc kennen. Vorschulkindern würde ich nur alte Maschinen geben.

Im Laufstall

Krabbelkinder sind im Laufstall ruhig und beschäftigt, wenn sie viele Sachen zum Spielen und Ausprobieren haben: Dosen und Deckel, Schachteln und Becher, Löffel aus Holz und Plastik, Tücher, Wäscheklammern, Notizbücher, Garnrollen.

Sammeln

Sammeln wird bei Kindern groß geschrieben: Blätter, Steine und Muscheln schenkt die Natur. Bilder, Karten, Briefmarken und Bierdeckel liefert die Erwachsenenwelt. Fördern wir den Sammeltrieb. Vielleicht entsteht ein Hobby daraus. (Lesen Sie auch S. 122 bis S. 127.)

■ Denken wir stets daran: Es gibt beinahe nichts, das Kinder nicht gebrauchen könnten. Seien wir großzügig und lassen die Kinder gewähren, auch wenn sie in unseren Augen »unmögliche« Dinge aufbewahren und heranschleppen! Wir fördern dadurch die kreativen Kräfte und machen Kinderherzen glücklich.

■ Weitere Anregungen finden Sie in dem Buch von D. Rost: Wer spielt mit? – So lernen Kinder spielen, Lahn Verlag, Limburg.

Lust am Lesen

Gewiß – Kinder müssen lesen. Gerade in den ersten Schuljahren können sie so einen Vorsprung gewinnen, der ihnen zu guten Deutschnoten verhilft.

Aber mit dem Muß allein ist es nicht getan. Wichtiger ist, daß Kinder gern lesen – aus eigenem Antrieb lesen –, von früh an lesen. Nur so erreichen wir, daß Lesen später mit zu ihrer Freizeitgestaltung gehört.

Wieviel Spaß Lesen machen kann, das sollten Sie Ihren Kindern beibringen.

1. Bilderbücher betrachten

Zum richtigen Umgang mit dem Bilderbuch braucht ein Kind Anleitung durch einen vertrauten Erwachsenen. Ein Kind, das mit sich und dem Bilderbuch allein ist, entdeckt vielleicht nie das Verweilen, das gedankliche Spazierengehen in bildlichen Einzelheiten. Der Drang, ein Buch voller Bilder lediglich durchzublättern und sich nur von ihrer Buntheit fröhlich einstimmen zu lassen, ist groß. Am Ende lernt es nichts weiter als den Verschleiß. Der richtige Weg ist:

- Zunächst blättert die Mutter mit dem Kind das Bilderbuch durch. Gemeinsam sehen sie sich die einzelnen Bilder an. Das Kind fragt, die Mutter erklärt.
- Beim nächstenmal erzählt die Mutter die Geschichte in Kurzform. Das Kind fragt, die Mutter erklärt die dargestellten Bilder.
- Ein andermal erzählt das Kind der Mutter die Geschichte anhand der Bilder. Die Mutter ergänzt und hilft nach. Nach und nach prägt sich das Kind die Geschichte ein.
- Der letzte Schritt: Die Mutter liest dem Kind den Text vor. Das Kind erkennt den Verlauf an den Bildern und darf dabei jederzeit unterbrechen. Die Geschichte sollte so oft vorgelesen werden, bis das Kind eine neue wünscht.

Genaues Betrachten stellt sich beim Kinde nicht von allein ein. Man muß Hilfestellung dazu geben, vor allem über das Gesehene miteinander sprechen. Nur so lernt das Kind die Darstellung mit verfolgen. Nur so lernt es sehen und unterscheiden.

49

2. Geschichten vorlesen

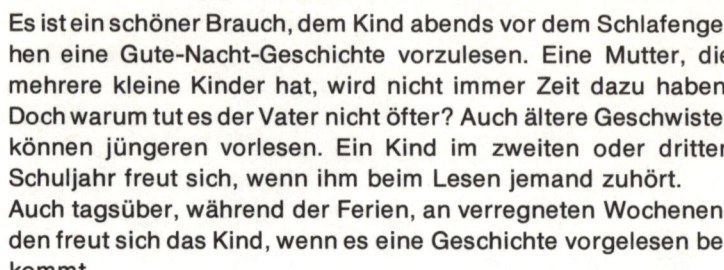

Es ist ein schöner Brauch, dem Kind abends vor dem Schlafengehen eine Gute-Nacht-Geschichte vorzulesen. Eine Mutter, die mehrere kleine Kinder hat, wird nicht immer Zeit dazu haben. Doch warum tut es der Vater nicht öfter? Auch ältere Geschwister können jüngeren vorlesen. Ein Kind im zweiten oder dritten Schuljahr freut sich, wenn ihm beim Lesen jemand zuhört.

Auch tagsüber, während der Ferien, an verregneten Wochenenden freut sich das Kind, wenn es eine Geschichte vorgelesen bekommt.

Vorlesebücher müssen nicht teuer sein. Es gibt schon preiswerte Taschenbücher, z. B.:

■ Kindern erzählt – Geschichten zum Vorlesen und Spielen für 4- bis 7jährige, Gütersloher Taschenbücher 75.

- Neue Geschichten Kindern erzählt, Gütersloher Taschenbücher 88.
- Jodok läßt grüßen und andere Geschichten Kindern erzählt, Gütersloher Taschenbücher 102.

3. Interesse zeigen

Für Kinder ist der größte Ansporn
- das Vorbild, das sie erleben,
- das Echo, das ihr Tun findet,
- das Interesse, das sie bei anderen wecken.

Kinder haben einen starken Nachahmungstrieb. Von ihren Eltern lernen sie, was richtig und falsch ist. Wenn sich die Lektüre der Eltern auf Illustrierten und Heftchen beschränkt, ist es leicht bei Kindern genauso.
Wer in einer Familie aufwächst, in der viel gelesen wird, in der das Fernsehen nicht der Alleinunterhalter ist, der liest mit Sicherheit selber mehr als jemand, dem das Vorbild fehlt.

- Zeigen Sie Interesse für die Lektüre Ihrer Kinder. Nehmen Sie ab und zu ein Buch, das Ihre Kinder gerade lesen, in die Hand. Blättern Sie darin herum. Wenn Sie Zeit haben, lesen Sie selber ab und zu ein Jugendbuch. Sprechen Sie mit Ihren Kindern über deren Bücher. Fragen Sie, ob sie spannend, lustig, langweilig sind. Lassen Sie sich von Ihren Kindern erzählen, warum das Buch »so toll« ist.

4. In Buchhandlungen mitnehmen

Wir nehmen unser Kind von früh an in die Buchhandlungen mit und lassen es dort herumstöbern. Haben wir eine Vor-Auswahl getroffen, können schon Fünfjährige aus 3–5 vorgelegten Büchern das Buch auswählen, das sie gern haben möchten. Wir sollten Kinder mit entscheiden lassen, welche Bücher sie sich wünschen. Kinder von 10 Jahren an dürfen sich ab und zu selber Bücher kaufen. Nur der Preis wird mit den Eltern vorher abgemacht.

51

5. Bücher richtig schenken

Eine Frage an die Mutter: Wenn Sie sich zum Geburtstag ein neues Partykleid wünschen und statt dessen Kochtöpfe bekommen – würden Sie deshalb lieber und besser kochen?

Das gleiche gilt auch für Kinder und ihre Bücher. Achten wir deshalb möglichst auf die Wünsche der Kinder! Was wir selber früher mit Begeisterung verschlungen haben, muß nicht auch für unseren Sohn spannend sein.

Und wenn unser Kind keine Wünsche äußert? Dann überlegen wir, welche Neigungen es hat. Sportler, Tierfreunde oder Bastler lesen gern Bücher über ihr Interessengebiet, langweilen sich aber vielleicht bei Erzählbüchern. Hobbys können durch Bücher angeregt und gefördert werden. Überhaupt gibt es heute so viele lebendige und interessante Sachbuchreihen aus allen Wissensgebieten, daß für jeden etwas dabei ist.

Grundsätzlich sorge man für abwechslungsreichen Lesestoff. Wir dürfen es nie so weit kommen lassen, daß nur noch ein Fachgebiet gelesen wird und alles andere ausgeklammert bleibt.

Diese Hinweise gelten nicht nur, wenn man Kindern Bücher schenkt, sondern sie helfen uns auch, dem Ehepartner und Freunden die richtigen Bücher zu schenken.

6. Altersstufen beachten

Kinder unterschiedlichen Alters haben nicht nur verschiedene Interessen, sondern ihre Bücher sollten in ihrem Schwierigkeitsgrad auch der Altersstufe angepaßt sein.

Sind Kinder beim Lesen überfordert, wird das Gelesene nicht verstanden, so liegen die Bücher ungelesen in der Ecke herum. Umgekehrt findet ein Zwölfjähriger Bücher für jüngere Kinder langweilig und »doof«.

Die ersten Bilderbücher der Zweijährigen enthalten nur einen Gegenstand auf jeder Seite, der klar und deutlich erkennbar dargestellt ist. Ab vier Jahren etwa verstehen Kinder Bildergeschichten, bei denen die Erzählung fortlaufend in Einzelbilder zerlegt wird mit einem knappen Kommentar unter dem Bild. Klassische Bücher dieser Art sind die Bildergeschichten »Max und Moritz«

von Wilhelm Busch oder der »Struwwelpeter« von Heinrich Hoffmann.
Andere Bilderbücher illustrieren eine Geschichte unregelmäßig. Im Vorschulalter ist darauf zu achten, daß die Texte nicht zu lang sind. Bilderbücher sind bei Kindern bis zu etwa 8 Jahren beliebt. Allmählich tritt das Bild in den Hintergrund, der Text wird ausschlaggebender.

Für Leseanfänger sind einige Faustregeln zu beachten:

■ Das Buch sollte entweder einzelne Geschichten oder aber in sich abgeschlossene Kapitel enthalten.

■ Die Schriftgröße sollte etwa der des Schul-Lesebuches entsprechen.

■ Das Buch darf nicht zu dick sein. Bei dicken Wälzern denkt das Kind: Das alles muß ich lesen! Lesen wird dann leicht lustlose Arbeit.

Im übrigen werden heute von den meisten Kinderbuchverlagen die Lesealter auf dem Buchrücken durch Altersangaben, Sterne oder Punkte gekennzeichnet.

Es bedeuten:

●   6– 8 Jahre,

●●   8–10 Jahre,

●●●   10–12 Jahre.

Die Eingruppierung braucht nicht stur eingehalten zu werden, da Kinder sich unterschiedlich entwickeln. Sie ist aber eine gute Hilfe.

Ab etwa 12 Jahren sind die Bücher nicht mehr durch Punkte oder Altersangaben gekennzeichnet, weil das in diesem Alter eine zu starre Einengung wäre. Die Übergänge von Kinderbüchern zur Jugend- und Erwachsenenliteratur sind fließend und bahnen sich langsam an.

Mit 14 Jahren sollten Kinder so weit sein, daß sie selber bestimmen, was sie lesen.

7. Buchverzeichnis

Wenn Sie in ländlicher Gegend wohnen und keine Buchhandlung am Ort haben, hilft Ihnen ein preiswertes Verzeichnis bei der richtigen Auswahl von Büchern für Ihr Kind. Es nennt zahlreiche Titel vom Bilderbuch bis zum Jugendbuch. Dieses Verzeichnis ist nicht zu verwechseln mit einem Verlagskatalog. Es handelt sich um eine Broschüre, die von einem unabhängigen Arbeitskreis herausgebracht wird.

Bestellen Sie das Verzeichnis und heben es auf! Nach den Angaben in dieser Broschüre können Sie in jeder Buchhandlung oder auch in einem Papierwarengeschäft die gewünschten Bücher bestellen. Das Verzeichnis hat (bis auf die Preise) mehrere Jahre Gültigkeit.

Die Anschrift lautet:

- Das Buch der Jugend, Schwabenverlag, Gutenbergstraße 12, 7304 Ruit.

8. Lesen muß nicht teuer sein ...

Auch wenn Ihr Kind zu einer echten »Leseratte« geworden ist – dieses Hobby kostet weniger, als Sie vielleicht denken.

In jeder Gemeinde gibt es öffentliche Leihbüchereien: Stadtbücherei, Jugendbücherei, Pfarrbücherei, Schulbücherei. Die Gebühren belaufen sich nur auf Pfennige. Lediglich manche gewerbliche »Leihbüchereien« sind mit Vorsicht zu genießen.

Noch besser ist natürlich das eigene Buch. Es muß nicht teuer sein. Zahlreiche Verlage bringen für Kinder und Jugendliche Taschenbücher heraus, die nicht mehr kosten als zwei oder drei Packungen Zigaretten.

Solche Verlage sind u.a.:

- Arena Verlag, Würzburg,
- Beltz & Gelberg Verlag, Weinheim,
- Benziger Verlag, Köln,
- Bertelsmann Jugendbuchverlag, München,
- Georg Bitter Verlag, Recklinghausen,
- Boje-Verlag, Stuttgart,
- Deutscher Taschenbuchverlag (DTV), München,
- Gütersloher Verlagshaus Gerd Mohn, Gütersloh,
- D. Gundert Verlag, Hannover,
- Hoch-Verlag, Düsseldorf,
- Jugend & Volk Verlag, München,
- Lahn Verlag, Limburg,
- Luchterhand-Verlag, Neuwied,
- Otto Maier Verlag, Ravensburg,
- Gertrud Middelhauve Verlag, Köln,
- Friedrich Oetinger Verlag, Hamburg,
- Reclam Verlag, Stuttgart,
- Sauerländer Verlag, Aarau/Schweiz,
- Franz Schneider Verlag, München,

55

■ Gerhard Stalling Verlag, Oldenburg,
■ K. Thienemann-Verlag, Stuttgart.

Kreatives Gestalten

Eltern wünschen sich Kinder, die im Leben ihren Mann stehen. Dazu gehört heute mehr denn je, daß sie kreativ sind, eigene Ideen entwickeln und in die Tat umsetzen.
Zeichnen und Malen, Bauen und Basteln – jede Art schöpferischen Gestaltens trainiert diese Fähigkeiten.

Selbst etwas herzustellen, und sei es noch so einfach, kann in der heutigen Zeit in seinem Freizeitwert gar nicht hoch genug eingeschätzt werden. Es bereitet nicht nur viel Freude und gibt innere Befriedigung, es hilft auch, die Umwelt zu verschönern.
Wer ein Hobby daraus macht, kennt keine Langeweile.
■ Erziehung zu kreativem Gestalten kann nicht früh genug beginnen.

1. Zeichnen und Malen

Grundvoraussetzung zur Entfaltung der schöpferischen Kräfte ist, Kindern ausreichend Material zum Zeichnen und Malen bereitzustellen.
Vorzeichnen ist unerwünscht, da es die Fantasie einengt. Das Kind soll seine ureigenen Bilder erfinden.
Wir helfen lediglich bei technischen Schwierigkeiten. Wenn zum Beispiel ein Kind zum erstenmal mit Wasserfarben malt, müssen wir ihm zeigen, wie man mit Pinsel und Farbe umgeht und wie man den Pinsel reinigt. Hat es die Maltechnik erlernt, sind weitere Hilfen überflüssig. Vor allem dürfen wir ihm nicht vorschreiben, was es malen soll.
Besser als Kritik ist Lob und Anerkennung. Wir fragen also nicht: »Was soll das denn bloß sein?« – »Weißt du denn nicht, wie ein Baum aussieht?« – sondern ermuntern zum Weitermachen: »Nun erzähl mir mal, was du da Schönes gemalt hast.« – »Das ist ja ganz toll! Dein Bild gefällt mir prima! Weißt du was, ich klebe es an den Küchenschrank.«

Papier

Ab zwei Jahren benötigt ein Kind Papier in großen Mengen. Es ist nicht empfehlenswert, für die ersten Versuche einen teuren Zeichenblock zu kaufen. Wir erleben dann, daß der ganze Block in ein oder zwei Tagen bemalt ist. Außerdem kann das Kind die perforierten Blätter nicht abtrennen und zerreißt sie. Für den Anfang ist das billigste Papier das beste:
- Packpapier (gebrauchtes vorher bügeln),
- unbedrucktes Zeitungspapier (in Zeitungsdruckereien preiswert zu haben),
- Einwickelpapier (fragen Sie Ihren Bäcker, wo Sie es kaufen können),
- alte Tapetenbücher (beim Anstreicher kostenlos abzuholen),
- Tapetenreste (vorher in Stücke schneiden),
- Pappen und Papier aller Art.

Oft meinen Eltern: Bei Vorschulkindern genügen zum Malen kleine Papierformate, z. B. Hefte oder Kalender. Das ist ein Irrtum. Kleinkinder sind aufgrund ihrer grobmotorischen Handbewegungen kaum in der Lage, darauf zu zeichnen. Ist das Format zu klein, zeichnen sie mehr auf dem Tisch als auf dem Papier. Deshalb gilt:
- Je kleiner das Kind, desto größer das Papierformat, mindestens 30 × 40 cm für das Malen mit Wasserfarbe und 20 × 30 cm für das Zeichnen mit Stiften.

Stifte

Bleistifte sind die ersten Stifte, mit denen das Kind zu kritzeln beginnt. Ideal sind dicke Stifte, wie sie früher der »Kaufmann« oder Schreiner besaß. Sie haben eine weiche Mine und halten einiges aus.
Holzbuntstifte sind bei Eltern sehr beliebt. Sie halten lange, schmieren nicht, passen in jedes Täschchen und können bequem auf Reisen mitgenommen werden. Kinder lernen im Umgang mit ihnen Farben zu unterscheiden. Zum Malen sind sie wegen ihrer schmalen Zeichenspur weniger geeignet.
Filzstifte begeistern Kinder wegen ihrer leuchtenden Farben.

Man kann leicht damit übers Papier fahren. Bei kleinen Kindern sind *wasserlösliche* Filzstifte zu bevorzugen. Spuren auf Tischen und Schränken sind dann kein Problem mehr.

Wachsmalstifte sind ab vier Jahren ein herrliches Malinstrument. Die Farben leuchten und sind leicht aufzutragen. Nach dem Malen werden die Kreiden sofort in das Kästchen getan. Wachsmalspuren auf Möbeln und Böden beseitigt man leicht mit Terpentinersatz.

Kugelschreiber sind beliebte Schreib- und Kritzelinstrumente. Vierjährige kommen sich damit sehr erwachsen vor. Sie »schreiben« in einem Heft wie der Vater.

Tafel

Kinder spielen oft Schule. Dazu gehört natürlich eine Wandtafel. Kinder zeichnen mit Freude an einer großen Tafel. Man kann dabei den Arm bewegen, die Kreide gleitet leise und leicht über die Tafel. Im Nu ist das Bild mit Schwamm und Lappen wieder weggewischt und Platz für ein neues da.

Es gibt Tafeln mit Ständer, als Schrankwand oder zum Aufhängen. Man kann auch eine Schranktür oder eine gespachtelte Spanplatte mit Tafelfarbe streichen, die es in Malergeschäften zu kaufen gibt. Ärgerlich für die Hausfrau ist der Kreidestaub, der auf den Teppich fällt. Auch hier erleichtern einige Vorsichtsmaßnahmen die Arbeit. Zunächst einmal wird nur mit weißer Kreide gemalt. Darüber hinaus kann man sich für die Kreide verhältnismäßig einfach einen Auffangkasten bauen (wie einen Blumenkasten). Im Sommer malen die Kinder im Freien.

Farben

Ab 3 oder 4 Jahren malen Kinder gern mit flüssiger Farbe. Für den Beginn empfehle ich Schultemperafarben, die es in Plastikflaschen zu kaufen gibt. Sie sind wasserlöslich, farbkräftig und sparsam. 3 Flaschen genügen: rot-gelb-blau.

Die Mutter bereitet alles vor. Auf 3 alten Untertellern oder Einmach-Glasdeckeln werden aus jeder Flasche einige Spritzer gedrückt. Dazu bekommt das Kind 3 langstielige Borstenpinsel (flach, Größe 10) und 3 Wassergläser. So hat es für jede Farbe

einen eigenen Pinsel und ein Glas. Nach Gebrauch stellt es den Pinsel ins Wasserglas. Zum Malen wird der Pinsel angefeuchtet und in die Farbe getupft. Hat das Kind einige Übung im Malen, genügen 1 Pinsel und 1 Wasserglas.

Ab 5 Jahren eignet sich der bekannte Schuldeckfarbkasten. Wir nehmen ein Markenfabrikat mit großen, runden Farben und 12 Töpfchen. Zum Malen wird nur der Borstenpinsel benutzt. Mit einem Haarpinsel malt das Kind erst ab 9 Jahren.

Eine Anregung für den Leser

Versuchen Sie einmal, wie reizvoll Zeichnen und Malen sein kann. Nehmen Sie Block und Stifte und setzen Sie sich irgendwohin, wo es etwas Interessantes zu sehen gibt. Entdecken Sie die Landschaft mit dem Zeichenstift. Schaffen Sie mit Wasser- und

Temperafarben Ihre ureigene Welt. Malen Sie Bilder, die noch niemand gesehen hat. Erwecken Sie Farben zum Leben. Mutige versuchen es sogar mit Ölfarben. Schon mancher Hobbymaler wußte gar nicht, wie gut er malen kann und wieviel Freude es macht.

Haben Sie keine Hemmungen! Naive Malerei ist modern. Auf künstlerische Qualität kommt es nicht so sehr an, entscheidender ist, daß es Spaß macht und entspannt.

2. Bauen und Konstruieren

Es gibt wenige Beschäftigungen, die für ein Kind von so großer Bedeutung sind wie Bauen. Schon das Dreijährige lernt dabei: Wenn die Gesetzmäßigkeiten der Statik nicht beachtet werden, stürzt der Turm ein. Das Kind macht beim Bauen vielfältige Raumerfahrungen, es experimentiert und konstruiert. Und obendrein macht Bauen viel Spaß.

Spielzeug für viele Jahre

Zum Bauen braucht man einen Baukasten. Es gibt kaum ein Spielzeug, mit dem ein Kind so viele Jahre spielt und arbeitet wie mit einem Baukasten. Von den einfachsten bis zu den kompliziertesten Konstruktionen kommt es Schritt für Schritt weiter.

Am Anfang stehen die beliebten Holzbauklötze, wie wir sie schon zu unserer Zeit kannten. Jedes Kind sollte Bauklötze besitzen. Je einfacher und neutraler die Klötze sind, desto mehr kann man damit anfangen. Ideal sind Klötze in Ziegelsteinform. Davon können Kinder nicht genug haben. Erst dann wird das Bauen interessant. Zu viele Spezialteile engen die Fantasie ein.

■ Ein empfehlenswerter Holzbaukasten ist der »Uhl-Backsteinbaukasten« der Firma Dusyma. Anschrift: Dusyma, K. Schiffler, Postfach, 7061 Miedelsbach.

Konstruktionsbaukästen gibt es in verschiedenen Arten. Bekannte Systeme sind:

■ Baufix, Matador, Plasticant, Lego, Constri, Kirchner-Großbaukasten, Fischer-Technik, Kobona, Bauzi, Super-Cubal, Idema, Nopper.

Auch bei diesen Kästen benötigt man viele Grundformen. Also lieber 2 Grundkästen kaufen, bevor man Spezialteile schenkt. Man entscheide sich für ein oder zwei Systeme, die laufend erweitert und ergänzt werden. Wer zu jedem Geburtstag ein neues System bekommt, hat nachher vielerlei und kann doch wenig damit anfangen.

Glauben Sie nicht, Konstruktionsbaukästen seien nur für Kinder. Sie werden sich wundern, wieviel knifflige Dinge zu beachten sind. Ganze Städte entstehen damit, ebenso Eisenbahnen und Fahrzeuge mit batteriebetriebenem Motor, kurz die große Welt im kleinen.

Auch der altbewährte Stabilbaukasten lebt noch, oder besser ist wieder im Kommen. Bauen Sie mit Ihren Söhnen Stahl- und Eisenkonstruktionen nach oder entwickeln Sie selber neue. Vater und Sohn als Ingenieur! Das vertreibt die Zeit auch bei schlechtem Wetter und an langen Winterabenden.

Modellbau

Es gibt vielfältige Arten des Modellbaus: Modellboote, Flugzeuge oder Autos aus Kunststoff, Sperrholz und Papier, mit kompletten Bauanleitungen.

Modellbauen eignet sich erst für Kinder ab 10 Jahren sowie für Jugendliche und Erwachsene. Neben einfachen Modellen gibt es die kompliziertesten Konstruktionen, die viel Geschicklichkeit und Geduld erfordern. Kinder im Grundschulalter sind damit überfordert. – Noch aus einem anderen Grund kommen fertige Bausätze und Pläne für jüngere Kinder nicht in Frage: Am Anfang sollte das Bauen aus der eigenen Vorstellung stehen. Es fördert, was beim Bauen nach Vorlage nicht erreicht wird: Fantasie und Kreativität.

Kisten und Hausrat

Fantasieanregend ist das Bauen mit großen Pappkartons oder Holzkisten. Sie können alles: Autos, Häuser, Betten – je nachdem, was gerade benötigt wird.

Auch mit Stühlen, Tischen, Matratzen, Kissen und Decken bauen Kinder gern Hütten und Höhlen.

Eine Hütte im Freien, aus Brettern zusammengenagelt, macht das Glück vollkommen.

Holz

Holzstücke und Bretter sind wichtiges Grundmaterial, um kleine Bauten zu errichten. Im Vorschulalter fängt es an, später wird ein Hobby daraus. Wichtig ist stabiles Werkzeug: Nägel, Säge und Schraubstock, Hammer und Zange; für Hobbybastler eine Hobelbank.
Kinder beginnen mit der Laubsäge, ältere »Do-it-yourself«-Heimwerker kaufen sich einen Elektrobohrer, auf den man verschiedene elektrische Sägewerkzeuge aufsetzen kann. Vogelhäuschen, Regale, Schränke, auch Spielsachen wie Holzautos und Holzeisenbahnen machen, selbst hergestellt, viel mehr Freude als fertig gekauft.

Collagen

Dieses Verfahren stammt aus der modernen Kunst, ist aber so recht für Kinder geeignet. Einzelteile werden auf einer Unterlage (Holzbrett, Spanplatte, Pappe) zu einem fantasievollen Gebilde zusammengefügt (geklebt, genagelt, verschnürt, genäht).
Voraussetzung ist, daß man *genügend Material* in einem großen Karton sammelt:
■ Streichholzschachteln, kleinere Schachteln jeder Art –
■ Dosen, Rollen, Garnrollen, Röhren –
■ Filzreste, Kunststoffstücke, Lederfetzen, Stanzabfälle –
■ Dosendeckel, Knöpfe, Muscheln, Kastanien, Perlen –
■ Draht, Wolle, Bindfaden, Federn –
■ Steinchen, Klötze, Stäbchen, Strohhalme, Pappstreifen.
Mit diesen Gegenständen können Kinder vielfältig spielen und basteln. Allein aus Streichholzschachteln, einer Tube Uhu und einer Schere entstehen Autos, Häuser, Roboter, Eisenbahnen und vieles mehr.

3. Formen und Kneten

Schon das kleine Kind hantiert gern mit Material, das es verändern kann, mit Material, das dem Druck der Hände nachgibt, das es nach seinem Willen formen kann.

Die ersten Erfahrungen macht das Kind mit Sand, Erde und Schnee. Mit Sand kann man auf vielerlei Arten spielen. Besonders reizvoll wird es, wenn Wasser hinzukommt. Angefeuchteter Sand hat ähnliche Eigenschaften wie Ton. Man kann Türme und Burgen formen, Löcher und Rillen graben oder Kuchen backen. Auf die Bedeutung des Sandkastens kann nicht genug hingewiesen werden. Er dürfte bei keinem Haus fehlen. Selbst Neunjährige spielen noch gern mit Geschwistern und Freunden im Sandkasten.

Am besten geeignet für das Formen im eigentlichen Sinn, für das Modellieren oder Plastizieren, sind lehmartige Massen, die durch ihre Festigkeit mehr Figuren und Gebilde ermöglichen als Sand. Ab 4 oder 5 Jahren sind Kinder in der Lage, damit umzugehen.

Das Reizvolle ist der direkte Kontakt der Finger mit dem Material. Modelliermasse läßt sich drücken, ziehen, quetschen, rollen, kneten, klopfen, befühlen. Dieser experimentelle Materialumgang bereitet viel Freude und macht mit den Gesetzmäßigkeiten der Knetmasse vertraut. Kinder stellen zunächst einfache Grundformen her: Kugeln, Würste, Scheiben, Kuchen, Brote, Erbsen, Gurken. Später werden dann kompliziertere Figuren geformt: Tiere, Schüsseln, Menschen, Spielzeug, Autos und vieles andere.

Es gibt zwei Techniken: Entweder man drückt die Form aus einem Klumpen heraus, zieht, quetscht und knetet Details, oder man formt gesondert Teile, die anschließend aneinandergefügt werden. Oft wird beides kombiniert: Der Rumpf eines Tieres wird aus einem Stück geformt, Beine und Ohren werden »drangeklebt«.

Formen und Modellieren üben eine beruhigende Wirkung auf Kinder aus. Hinzu kommt: Das Kind kann nach eigener Vorstellung etwas verändern und Neues entstehen lassen. Modellieren fördert Fantasie ebenso wie Konzentration und trainiert Hand- und Fingergeschicklichkeit.

Als Knetunterlage dient eine Linoleumplatte (als Rest billig zu kaufen) oder Kunststoffplatte (Rest vom Fliesenleger) oder Hartfaserplatte bzw. Sperrholzplatte in der Größe 50 × 50 cm.

Ton

Das beste Modelliermaterial ist und bleibt Ton. Im Handel ist Keramik-Tonmehl, weiß oder rot. Es muß für den Gebrauch erst zubereitet werden: Das Mehl wird in ein Geschirrtrockentuch gegeben, das oben zugebunden und an einem Stock in einen Wassereimer gehängt wird, bis der Ton das Wasser aufgesaugt hat. Wenn der Ton geschmeidig genug ist, wird er tüchtig durchgeknetet, bleibt über Nacht liegen und wird am nächsten Tag gegen ein Holzbrett geschlagen und in einem dichtverschließbaren Behälter aufgehoben (Plastikeimerchen mit Deckel, Plastiksack, Stein-

guttopf). Das Geschirrhandtuch legen wir naß obendrauf, damit der Ton nicht austrocknet.

Soll Ton haltbar werden, gibt man zu 20 Teilen Ton 1 Teil pulverisiertes Dextrin und läßt die Arbeiten dann einige Tage durchtrocknen. Dann können sie angemalt werden. Brennen ist dabei nicht notwendig.

Plastilin

Plastilin ist eine Knetmasse, die nicht hart wird und immer wieder verwendet werden kann. Die Farben sind giftfrei. Etwas Schwierigkeit bereitet das anfängliche Weichkneten, wenn die Masse fest geworden ist. Da helfen Eltern oder Geschwister mit. Plastilin ist am einfachsten und problemlosesten zu formen.

Knetwachs

Knetwachs besteht aus reinem Paraffin, ohne Bienenwachsgehalt. Es schmiert, färbt und bröckelt nicht und ist unbegrenzt haltbar. Die Farben sind jedoch etwas kraß. Wenn Knetwachs nach längerer Lagerzeit zu hart geworden ist, legt man es in lauwarmes Wasser. Es empfiehlt sich, Wachs nicht in Kugeln oder großen Stücken längere Zeit aufzubewahren, sondern in hauchdünnen Platten.

Tonal

Diese Knetmasse ist sofort gebrauchsfertig und wird in luftdichten Plastiktüten aufbewahrt. An den Fingern klebende Knetmasse läßt sich bequem mit Wasser entfernen. Man arbeitet am besten mit feuchten Fingern. Tonal erhärtet an der Luft ohne Risse und Sprünge.

Tonal ist immer wieder verwendbar. Erhärtete Werkstücke lassen sich wieder in knetbare Modelliermasse verwandeln. Man schlägt die geformten Gegenstände in kleine Stücke und weicht sie in einer Schüssel mit etwas Wasser ein bis zwei Tage ein. Danach knetet man die feuchte Masse gut durch und kann sie erneut formen. Genauso kann man mit trockenen Tongegenständen verfahren, falls man kein Dextrin zugesetzt hat.

Plastika

Plastika ist eine Masse, die durch Lufttrocknung bruchfest und hart wie Holz wird. Plastika eignet sich zur Herstellung von dauerhaften Figuren. Es wird mit Wasser angerührt, wie Ton modelliert, an der Luft getrocknet und anschließend bemalt. Trocken können die Plastiken weiterbearbeitet werden; sie lassen sich schnitzen, feilen, sägen, bohren, leimen.
- Versuchen Sie selbst einmal, aus den beschriebenen Materialien Figuren und Gegenstände zu formen und anschließend anzumalen.

Wer dabei sein Interesse am Töpfern entdeckt, der sollte an einem Kurs der Volkshochschule oder anderer Institutionen teilnehmen. Um mit Ton werkgerecht umzugehen, ihm auf der Töpferscheibe die richtige Form zu geben oder gute Plastiken herzustellen, sind Grundkenntnisse notwendig, die nur in einem Spezialkursus vermittelt werden. Auch lernt man dort das fachgerechte Brennen und Bemalen.

4. Werken für die ganze Familie

Alle können mitmachen, vom Jüngsten bis zum Ältesten.

Mobile basteln

Mit Papier, Schere und Klebstoff lassen sich die schönsten Figuren »zaubern«: Fische, Sterne, Hexen auf dem Besen.
Die Figuren werden an den Enden dünner, doch stabiler Drahtstücke befestigt. Mehrere solcher Drähte mit Figuren werden dann in einem gewissen Abstand aneinandergeknüpft. Wenn sie im Gleichgewicht sind, ist das Mobile fertig und kann im Raum aufgehängt werden.

Kartoffeldruck

Erforderlich ist: weißes Papier, ein Wasserfarbkasten und eine durchgeschnittene Kartoffel. Die Kartoffel wird mit Farbe bepinselt und aufs Papier gedruckt. Durch verschiedene Farben und

66

das Zurechtschneiden der Kartoffel (man kann auf die Druckseite eine Figur, ein Gesicht, ein Häuschen, einen Raum schnitzen) lassen sich Muster und Bildkompositionen schaffen oder Servietten, Tisch- und Glückwunschkarten verzieren.

Stroh- und Bastarbeiten

Stroh- und Basthalme werden zerschlitzt, eingeweicht und anschließend plattgebügelt. Daraus lassen sich Sterne, Körbe, Untersetzer u. a. flechten und kleben. So lassen sich preiswerte und schöne Geschenke herstellen.

Eine Burg aus Wellpappe

Wellpappe ist in jedem Papiergeschäft zu haben. Man kann damit Häuser, Türme, Autos, Bahnhöfe und auch Burgen bauen. Es gibt zwei Arten von Wellpappe, die sich beide gut zum Bauen eignen. Die eine ist einseitig, die andere doppelseitig mit »Wellen« beklebt.
Für einen Turm wird die Wellpappe – sie läßt sich nur in eine Richtung biegen – einfach zusammengerollt und am Ende mit Alleskleber verklebt. Die Kanten lassen sich am besten zusammenkleben, wenn man an beiden Seiten einige »Wellen« abreißt.
Natürlich kann man hinterher seine Burg mit Deckfarben oder »Plaka« bemalen. Für feinere Zeichnungen benutzt man am besten einen Faserschreiber. Er hat leuchtende Farben und – eine feine Spitze für die Details.

Ein Struwwelpeter aus Papier

Man nimmt ein Blatt Zeichenpapier und klebt es zu einer Rolle zusammen. Damit es sich gut rollen läßt, muß man es fest über eine Tischkante ziehen.
Dann schneidet man mit der Schere aus einem Ende viele kleine Papierstreifen aus, die man als Haare nach vorne umbiegt. Am anderen Ende schneidet man ebenfalls einige Streifen heraus, die jedoch nicht so lang sein dürfen.
Sie werden nun zu einem kleinen Kragen umgebogen. Mit einem

Faserschreiber oder mit Wachsmalstiften malt man seinem Struwwelpeter zu guter Letzt noch ein lustiges Gesicht.

Eine bunte Spanschachtel

Spanschachteln kann man in Dekorationsgeschäften und Hobbyläden für wenig Geld bekommen. Mit dünnen Bleistiftstrichen wird die gewünschte Zeichnung oder das vorher überlegte Muster auf die Holzoberfläche der Spanschachtel gezeichnet. Mit den Deckfarben aus dem Schulkasten oder mit *Plaka* malt man dann die Zeichnung aus. Damit die Farben griffest werden, überpinselt man sie nach dem Trocknen mit Klarlack, und fertig ist das Schmuckkästchen.

Eine kleine Stadt aus Schachteln

Was Erwachsenen häufig verlorengegangen ist, haben Kinder in noch reichem Maße: Fantasie. So wird im Spiel aus einem langen Stück Holz eine Eisenbahn, aus Schachteln werden Häuser, Garagen oder Schatzkammern. Besonders beliebt ist das Spielen mit leeren Streichholzschachteln. Hier kann die Mutter helfen, mit wenigen Kunstgriffen kleine Häuser zu bauen. Sie schiebt die »Schublade« aus der Streichholzschachtel heraus, zieht die eine der beiden – doppelbödigen – Reibeflächen auseinander und klebt sie, nach außen geklappt, zu einem Giebeldach wieder zusammen. Nun können aus Buntpapier geschnittene kleine Fenster und Türen auf die Streichholzhäuser aufgeklebt werden. Oder: Viele Streichholzschachteln aufeinandergeklebt ergeben ein modernes Hochhaus.

Eine Kette aus Illustriertenseiten

Aus Buntpapier oder farbigen Illustriertenseiten wird ein ganz schmales, etwa 12 cm langes Dreieck geschnitten, das man auf einer Seite dünn mit Bastelkleber bestreicht. Mit dem breiten Ende beginnend, wird der Streifen um einen dünnen Nagel gewickelt, den man hinterher schnell herauszieht. Auf diese Art werden viele Glieder hergestellt, die zum Schluß, auf einen Faden gezogen, eine schöne Kette ergeben.

68

Die lebendige Schlange

Auf einen Flaschenkorken steckt man eine Stricknadel. Auf die Nadel drückt man den Mittelpunkt einer Spirale, die man zuvor aus festem Papier (Zeichenblockpapier) ausgeschnitten hat. Damit die Spirale einer Schlange ähnlich sieht, bekommt sie Augen und ein hübsches Muster auf dem Rücken.
Damit der Korken nicht umfällt, klebt man ihn auf ein Stück festen Karton oder eine kleine Sperrholzplatte.
Stellt man die fertige Schlange auf die Heizung, beginnt sie sich schon nach kurzer Zeit in der aufsteigenden warmen Luft erst langsam und dann immer schneller zu drehen.

Wettrennen mit Fingerpüppchen

Aus einem Stück Karton wird der Oberkörper einer kleinen Puppe ausgeschnitten. Die Taille darf nicht breiter sein als zwei Finger. Nun malt man mit Faserschreibern oder Wachsmalstiften ein lustiges Gesicht und ein buntes Kleid. Mit einem Gummiband wird die Puppe am Zeige- und Mittelfinger befestigt.
Wenn sich jeder Mitspieler eine Puppe angefertigt hat, gibt die Mutter das Zeichen zum Start. Auf der Tischplatte laufen nun die Puppen auf zwei Fingern dem vorher ausgemachten Ziel entgegen. Wer dreimal hintereinander gewonnen hat, bekommt ein Stück Schokolade.
Das Spiel mit den Fingerpuppen läßt sich beliebig variieren. Man kann Zirkus oder Schule spielen oder auch Ringkämpfe und Modenschauen veranstalten.

Lustige Puppen aus Zeichenpapier

Ein Blatt aus dem Zeichenblock wird zusammengerollt und an den Längsseiten mit Bastelkleber verklebt. Bis der Klebstoff hält, befestigt man an der Klebestelle oben und unten eine Büroklammer.
Jetzt werden die Puppen mit Deckfarben angemalt: Sie bekommen Haare, Nase, Augen, Mund, vielleicht einen Bart, einen Schlips und einen Kragen. Wenn man will, kann man aus Zeichenpapier noch einen Ring ausschneiden und ihn als Hut auf

den Puppenkopf schieben. Am »Hinterkopf« wird der Hut festgeklebt.

Haare, Nase, Schlips und Kragen schneidet man ebenfalls aus Buntpapier aus und klebt sie mit Bastelkleber auf. So wirken die Puppen noch lebendiger.

Dann wird schnell eine Bühne gebaut: Über die Lehnen von zwei zusammengeschobenen Stühlen hängt die Mutter eine Decke. Sie kniet sich dahinter und läßt die Puppen mit den Köpfen über die Decke hervorgucken. Das Spiel kann beginnen.

Flechten mit Buntpapier

Ein Stück Buntpapier oder auch ein anderer weißer Zeichenkarton wird in der Mitte längsgeschnitten. Dann schneidet man mehrere verschiedenfarbige Buntpapierblätter in lange Streifen. Jeder Streifen Buntpapier wird in das vorher zerschnittene Flechtblatt eingeflochten und nach oben bis an den Rand geschoben.

Den zweiten schmalen Streifen Papier flicht man nun von unten in das Flechtblatt ein und schiebt ihn wiederum an den ersten Durchzugsstreifen heran. So wechselt man mit verschiedenfarbigen Streifen ab. Zum Schluß schneidet man die überstehenden Schnipsel einfach ab und verklebt die übrigbleibenden Enden mit dem Flechtblatt. Je nach Format kann diese Flechtarbeit als Wandschmuck, als Lesezeichen oder auch als Deckchen für den Kindertisch verwendet werden.

Einfache Masken aus Tüten

Für ein Kinderfest in der Karnevalszeit werden auch Masken benötigt. Am schnellsten kann man Masken aus großen rechteckigen Tüten herstellen. Sie werden über den Kopf gestülpt und bekommen an den Augen, an der Nase und an dem Mund mit einem Bleistift Markierungen. An diesen Stellen wird das Papier ausgeschnitten. Durch Buntpapier (als Haare, Nase und Augenwimpern) und Watte (als Augenbrauen) gibt man ihnen ein besonders lustiges Aussehen.

Kleine Details lassen sich mit dem Faserschreiber gut aufmalen. Wer haltbare Masken haben will, nimmt einen ausgedienten

70

Waschmitteleimer, schneidet sich die entsprechenden Löcher für Nase, Augen und Mund hinein und verziert ihn wieder mit Buntpapier und Faserschreiber.

Pfeifenputzer-Party

Mit bunten Pfeifenputzern lassen sich herrliche Figuren biegen. Kreppapier und bunte Holzkugeln als Köpfe vervollständigen unsere Tanzgruppen, Musikkapellen oder Tiere – was immer wir herstellen wollen.

Geschenke mit Nadel und Faden

Ein altes Hobby lebt wieder auf: das Handarbeiten. Es ist ein »stilles« Hobby, das niemanden stört und keinen Lärm verursacht. Auch ist es an keine Zeit und an keine Witterung gebunden. Es fördert das Zusammensein in der Familie, man ist nicht isoliert, und man kann sich dabei unterhalten. Handarbeiten schafft eine gemütliche Atmosphäre.

Zum Beispiel Sticken

Es gibt viele Gründe, warum wieder gestickt wird. Sticken entspannt und wirkt beruhigend. Es regt die Fantasie und die Kombinationsfreudigkeit an. Vielleicht ist das nächste Weihnachtsgeschenk eine Stickerei.
Mein Vorschlag: Eine Tischdecke mit Weihnachtsmotiven oder ein Wandbehang für die Küche. Motive können Sie als Aufbügelmuster mit genauer Anleitung in jedem Fachgeschäft kaufen. Es ist nicht schwierig, danach zu arbeiten. Allerdings ist dazu ein wenig Zeit und Lust erforderlich.
■ »Neue Mode« – Aufbügelmuster und Sonderhefte kann man bestellen bei: Verlags-Union, Postfach 5707, 62 Wiesbaden.

Tips für Fortgeschrittene

Sind Sie auf den Geschmack gekommen?
Möchten Sie wissen, wie man Lederschmuck oder Ringe, Armbänder und Ketten aus Silber- und Kupferdraht herstellt, wie man

71

Münzen, Muscheln und Pflanzen in Polyester eingießt – und vieles andere mehr, so helfen diese Tips:

■ Besuchen Sie einen Kurs, den Erwachsenenbildungswerke oder Vereine in Ihrem Ort anbieten.

■ Greifen Sie die Anregungen auf, die Ihre Kinder aus dem Kindergarten und der Schule mitbringen.

■ Wenn Sie geschickt sind, können Sie auch nach einem Fachbuch basteln und werken. In folgenden Werkreihen finden Sie eine Fülle von Vorschlägen mit genauen Anleitungen:

   1. Brunnen Reihe, Christopherus Verlag, Freiburg –

   2. Ravensburger Hobby-Bücher, O. Maier Verlag, Ravensburg –

   3. Quadrat-Reihe, Don Bosco Verlag, München.

Jede der drei Reihen umfaßt inzwischen mehr als 20 Spezialbändchen.

Musik macht Spaß

Über Musik nachzudenken und zu reden ist wichtig für rechtes Musikverstehen. Noch wichtiger ist es, Musik zu hören. Der beste Zugang zur Musik ist und bleibt aber, selbst zu singen und zu musizieren.

Es ist bedauerlich, daß heute im Musikunterricht der Schulen so wenig gesungen wird. Die menschliche Stimme ist immer noch das schönste »Musikinstrument«. Jeder besitzt es und kann ohne große Umstände Gebrauch davon machen. Der natürlichste Weg zur Musik führt über das Singen.

■ Singen wir viel in unseren Familien! Kinder finden schnell Freude an der Musik, wenn wir rechtzeitig beginnen und einige Regeln beachten.

■ Lassen wir unsere Kinder ein Musikinstrument spielen, wenn sie Interesse und Begabung zeigen.

1. Schöne Wiegenlieder

Man kann nicht früh genug beginnen, Kinder mit Musik vertraut zu machen. Am besten ist es, schon dem Baby vom ersten Tag an ein »musikalisches Klima« zu schaffen. Wird es mit Wiegenlie-

72

dern in den Schlaf gesungen, fühlt es sich in freundlicher Atmosphäre geborgen. Durch die wohlvertraute Stimme der Mutter erlebt es von Anfang an den Gesang als etwas Wohltuendes und Angenehmes.

Schlaf, Kindlein, schlaf

Joh. Friedrich Reichardt

1. Schlaf, Kind-lein, schlaf' Der Va - ter hüt' die Schaf. Die Mut - ter schüt-telt 's Bäu-me-lein. Da fällt her-ab ein Träu-me-lein. Schlaf, Kind-lein, schlaf!

2. Schlaf, Kindlein, schlaf,
   Am Himmel ziehn die Schaf,
   Die Sternlein sind die Lämmerlein,
   Der Mond, der ist das Schäferlein,
   Schlaf, Kindlein, schlaf!

3. Schlaf, Kindlein, schlaf,
   Christkindlein hat ein Schaf,
   Ist selbst das liebe Gotteslamm,
   Das um uns all zu Tode kam,
   Schlaf, Kindlein, schlaf!

4. Schlaf, Kindlein, schlaf,
   So schenk ich dir ein Schaf
   Mit einer goldnen Schelle fein,
   Das soll dein Spielgeselle sein,
   Schlaf, Kindlein, schlaf!

5. Schlaf, Kindlein, schlaf,
   Und blök nicht wie ein Schaf,

73

Sonst kömmt des Schäfers Hündelein
Und beißt mein böses Kindelein,
Schlaf, Kindlein, schlaf!

6. Schlaf, Kindlein, schlaf,
Geh fort und hüt die Schaf,
Geh fort, du schwarzes Hündelein,
Und weck mir nicht mein Kindelein,
Schlaf, Kindlein, schlaf!

Worte aus: Des Knaben Wunderhorn

Gleichzeitig wird das Gehör des Kindes geschärft, und das bedeutet immer Förderung der Musikalität.

■ Singen Sie Lieder, wenn Sie Ihr Kind schlafen legen, und singen Sie, wenn Sie es auf den Arm nehmen.

Kinderlieder, die bereits die Großmutter sang, sind auch in unserer Zeit nicht überholt. Daß sie sich bis auf den heutigen Tag gehalten haben, ist ein Beweis für ihre kindgemäße Sprache und ursprüngliche Melodie.

Fuchs, du hast die Gans gestohlen   18. Jahrhundert

1. Fuchs, du hast die Gans ge-stoh-len, gib sie wie-der
her! Gib sie wie-der her! Sonst wird dich der
Jä-ger ho-len mit dem Schieß-ge-wehr——,
sonst wird dich der Jä-ger ho-len mit dem Schieß-ge-wehr.

2. Seine große, lange Flinte
   schießt auf dich den Schrot,
   daß dich färbt die rote Tinte,
   und dann bist du tot.

3. Liebes Füchslein, laß dir raten:
   Sei doch nur kein Dieb,
   nimm, du brauchst nicht Gänsebraten,
   mit der Maus vorlieb.

Worte: Ernst Anschütz

Wenn alle Brünnlein fließen

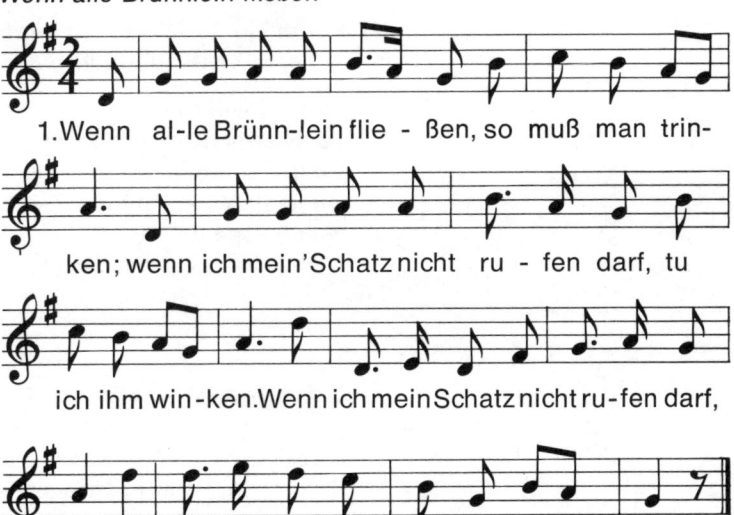

1.Wenn al-le Brünn-lein flie - ßen, so muß man trin-

ken; wenn ich mein' Schatz nicht ru - fen darf, tu

ich ihm win-ken. Wenn ich mein Schatz nicht ru-fen darf,

ju, ja, ru - fen darf, tu ich ihm win - ken.

2. Ja winken mit den Äugelein und treten auf den Fuß: 's ist eine
   in der Stube drin, die meine werden muß.

3. Warum sollt sie's nit werden, ich hab sie ja so gern; sie hat zwei
   blaue Äugelein, die leuchten wie zwei Stern.

4. Sie hat zwei rote Wängelein, sind röter als der Wein; ein sol-
   ches Mädel findst du nit wohl unterm Sonnenschein.

2. Volkslieder

Vor einigen Jahren sah es so aus, als seien die Volkslieder, die wir in unserer Kindheit so gern gesungen haben, tot und vergessen. Schlager und Popmusik schienen an ihre Stelle getreten zu sein.

Doch es kam ganz anders. Woran mag es liegen, daß ein Lied wie »Hoch auf dem gelben Wagen« plötzlich wieder von jung und alt gesungen wird? Handelt es sich nur um eine vorübergehende Folklore-Welle oder um ein echtes Bedürfnis? Vielleicht brauchen wir in unserer technisierten und manchmal recht kalten Welt Lieder, die von vergangenen Zeiten künden, Melodien, die ans Herz gehen.

■ Ein Tip: Probieren wir einmal in unseren Familien, ob Volkslieder unseren Kindern nicht Freude bereiten.

Einige Lieder können wir sicherlich auswendig. In den meisten Familien liegt in irgendeiner Ecke ein Liederbuch, das weiterhilft, wenn die zweite und dritte Strophe nicht mehr geläufig ist. Oder wir kaufen uns ein Liederbuch mit Kinder- und Volksliedern, wie zum Beispiel:

■ Was Kinder gerne singen, Südwest Verlag, 8000 München.

3. Singen ist ansteckend

Stecken wir unsere Familie doch mit unserem Singen an! Es nimmt dem Vater nichts von seiner Würde, wenn er beim Rasieren »Arien schmettert« oder beim Autowaschen ein Lied vor sich hinpfeift. Der Mutter geht die Hausarbeit leichter von der Hand, wenn sie dabei singt. Ein fröhliches Lied auf einer Autotour hebt rasch die gute Laune.

So begreift unser Kind auch ohne viel Worte: Singen macht Spaß, Singen ist etwas ganz Selbstverständliches und hat nichts mit gezwungener Feierlichkeit zu tun.

Räuspern wir uns dagegen nur einmal im Jahr etwas verlegen unter dem Weihnachtsbaum und stimmen zaghaft »Stille Nacht, heilige Nacht« an, während sonst das ganze Jahr hindurch kein

Ton über unsere Lippen kommt, dann allerdings dürfen wir uns nicht wundern, wenn unser Kind das Singen lieber bleiben läßt.

4. Rhythmus wecken

Musik ist wesentlich auch Rhythmus. Das Gefühl für Rhythmus wecken wir beim Kleinkind, wenn wir bei dem Lied »Bak-ke, bak-ke Ku-chen« im Takt mitklatschen, noch besser, wenn wir die Hände des Kindes zwischen unsere nehmen und klatschen.

Kinderreim

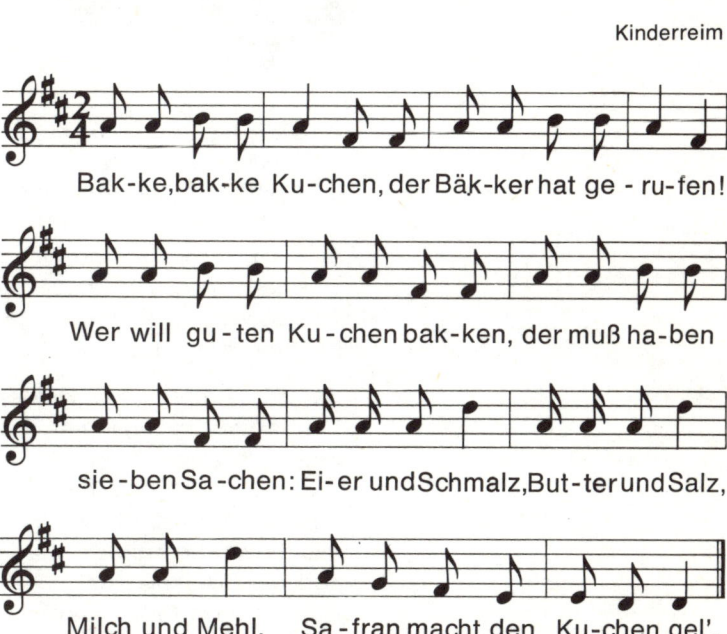

Bak-ke, bak-ke Ku-chen, der Bäk-ker hat ge-ru-fen!

Wer will gu-ten Ku-chen bak-ken, der muß ha-ben

sie-ben Sa-chen: Ei-er und Schmalz, But-ter und Salz,

Milch und Mehl, Sa-fran macht den Ku-chen gel'.

Bald wird dann unser Kind von selbst in die Hände klatschen oder mit einem Klötzchen an die Stäbe des Laufstalls klopfen. Es hat das Prinzip des Rhythmus entdeckt.
Bei vielen Liedern ist Bewegung und rhythmisches Spiel Wesensbestandteil, wie etwa bei dem Lied »Wer will fleißige Handwerker sehn« (siehe auch S. 78).

77

1.–9. Wer will flei - ßi - ge Hand - wer - ker sehn,

der muß zu uns Kin-dern gehn. 1. Stein auf Stein,

Stein auf Stein, das Häus-chen wird bald fer-tig sein.

2. O wie fein, der Glaser setzt die Scheiben ein.
3. Tauchet ein, der Maler streicht die Wände fein.
4. Zisch, zisch, zisch, der Tischler hobelt glatt den Tisch.
5. Poch, poch, poch, der Schuster schustert zu das Loch.
6. Stich, stich, stich, der Schneider näht ein Kleid für mich.
7. Rühre ein, der Kuchen wird bald fertig sein.
8. Trapp, trapp drein, jetzt gehn wir von der Arbeit heim.
9. Hopp, hopp, hopp, jetzt tanzen alle im Galopp.

Bei den Strophen 1–7 werden beim Singen die Tätigkeiten der Handwerker nachgeahmt, bei der vorletzten Strophe marschieren wir im Zimmer herum, bei der letzten fassen wir uns an die Hände und tanzen dazu.

Kinder tanzen überhaupt gern zur Musik, etwa zu einem Stück, das die Mutter auf dem Klavier spielt, zu einem Lied oder auch zu einer Schallplatte.

Das gilt auch für »klassische« Musik. Auch sie soll ja Kindern Freude machen und nicht etwas sein, wovor man in Ehrfurcht erstarrt. Ein schlechtes Beispiel gibt der Vater, der eine Sinfonie auflegt, die ganze Familie auf die Stühle »zwingt« und »Ruhe« kommandiert. Seine Kinder werden klassische Musik eher hassen als lieben. Je ungezwungener die Atmosphäre, um so besser. Warum sollten Kinder nicht dazu tanzen dürfen? Es geht nicht darum, Tanzschritte zu lernen – Kinder sollen vielmehr mit ihren Bewegungen einfach ausdrücken, was sie empfinden.

■ Gefühl für Rhythmus entwickelt sich, wenn Kinder sich nach der Musik frei bewegen; mit den Füßen klopfen, in die Hände klatschen, den Körper hin und her wiegen, hüpfen und springen.

5. Ein Instrument spielen

Die ersten »Musikinstrumente«, denen ein Kind begegnet, sind Dose und Topfdeckel, Rappel und Kindertrommel, Spieluhr und Mundharmonika. Dadurch lernt es Klangfarbe, Tonhöhe und Lautstärke unterscheiden.

Blockflöte

Mit 6 Jahren ist die Zeit gekommen, dem Kind zum Geburtstag eine Blockflöte zu schenken. Jetzt kann es an einem Flötenkurs teilnehmen. In Jugendmusik- und Volkshochschulen gibt es preiswerten Gruppenunterricht, den sich jeder leisten kann.
Die Blockflöte ist das ideale Anfängerinstrument. Sie ist leicht zu erlernen und weckt oft die Freude am eigenen Musizieren, wie die Erfahrung zeigt. Untersuchungen haben ergeben, daß die Hälfte der Kinder nach der Blockflöte auch andere Instrumente spielen lernen. Das ist einleuchtend; denn Kinder, die auf ihrer Blockflöte schnell Lieder und Melodien spielen, trauen sich eher zu, Klavier, Geige oder Trompete zu lernen. Ihr Ehrgeiz ist erwacht: Habe ich die Blockflöte geschafft, ist mir auch das Klavierspielen nicht zu schwer.
■ Stellt sich beim Blockflötenspiel Begabung und Interesse am Musizieren heraus, sollte das Kind ein weiteres Musikinstrument spielen lernen.

Welches Instrument?

Setzen Sie Ihr Kind nicht ans Klavier, nur weil das Instrument in Ihrer Wohnung steht und Sie selbst gern vierhändig spielen möchten. Auf solchen Zwang kann das Kind mit spontaner »Unmusikalität« reagieren. Lustlos setzt es sich vor die Tasten und klimpert unerträglich falsch, oder es übt so gut wie gar nicht,

79

denn es träumt von einer Trompete oder von der Schlaggitarre. Wenn das Kind »sein Instrument« gefunden hat, kommt es darauf an, einen guten Musiklehrer zu finden. Hören Sie sich in Ihrem Bekanntenkreis um. Die zuverlässigste Auskunft erhalten Sie, wenn Sie sich bei einem qualifizierten Musiker oder Musiklehrer erkundigen. Sie können sich aber auch an die kommunalen oder privaten Musikschulen wenden, die es in jeder größeren Stadt gibt. Guter Instrumentenunterricht ist stets Einzelunterricht und kostet etwas.

Wer es zu was bringen will, muß jeden Tag fleißig und ausdauernd üben. Nach Auskunft von Fachleuten braucht ein durchschnittlich begabter Musikschüler etwa zwei Jahre Unterricht, bis er leichtere Stücke vom Blatt spielen kann.

- ■ Ermuntern Sie Ihr Kind, daß es $1/2$–1 Stunde täglich übt.
- ■ Machen Sie ihm immer wieder Mut durchzuhalten.
- ■ Lassen Sie sich öfter vorspielen, und sparen Sie nicht mit Anerkennung.

Stellt der Musiklehrer hohes musikalisches Talent fest, so ist der beste Lehrer gerade gut genug. Scheuen wir dann nicht aus falschverstandener Rücksichtnahme, den Lehrer, wenn nötig, zu wechseln. Um es zu etwas Besonderem zu bringen, ist auch bei noch so guter Begabung äußerster Fleiß notwendig. Das Kind muß mindestens ein bis eineinhalb Stunden täglich üben! Das ist neben den Schularbeiten eine starke Belastung. Musikalisch hochbegabte Kinder kommen deshalb auf einem musischen Gymnasium mit angeschlossenem Internat oft besser zurecht.

6. Musik hören

Auch Menschen, die nicht zum Musiker bestimmt sind, haben oft große Freude an der Musik – als Zuhörer. Eltern können leicht dazu beitragen, diese Freude in ihrem Kind zu wecken. Sie brauchen selber nur Musik zu lieben und ihrem Kind die Möglichkeit zu geben, gute Musik zu hören.

Wenn Sie Klavier spielen, haben Sie in Ihren Kindern dankbare Zuhörer. Spielen Sie öfter etwas vor, zum Beispiel Lieder, welche die Kinder erraten. Das macht Spaß und schult das Gehör.

Radiomusik hören alle Kinder gern. Es braucht nicht immer nur Schlagermusik zu sein. Gewöhnen wir Kinder schon früh an leichtere klassische Musik, an Wunschkonzerte, Musik zur Mittagszeit. Auch das Fernsehen bringt öfter Musiksendungen dieser Art, die sehr zu empfehlen sind, etwa Operetten, das »Sonntagskonzert« oder musikalische Quizsendungen.

Schallplatten

Es gibt eine denkbar einfache Methode, Kinder ohne große Mühe an klassische Musik heranzuführen: Schenken wir ihnen einen Plattenspieler, und kaufen wir ihnen Schallplatten, die sie jederzeit nach Belieben hören können.
Wenn ein Kind immer wieder klassische Musik hört, lernt es sie lieben und verstehen, ohne daß viel Anstrengung für die Eltern damit verbunden ist.

■ Besitzt ein Kind eine eigene Schallplattensammlung klassischer Musik, so wird es am leichtesten mit den großen Meisterwerken der Musik vertraut.

Folgende Musikstücke, die auf Schallplatten zu haben sind, eignen sich gut für Kinder:

Friedrich Smetana: Die Moldau (aus dem Zyklus »Mein Vaterland«) –
Wolfgang Amadeus Mozart: Eine Kleine Nachtmusik –
Wolfgang Amadeus Mozart: Rondo alla turca (aus der Klaviersonate A-Dur) –
Joseph Haydn (zugeschrieben): Kindersinfonie –
Josef Bayer: Die Puppenfee –
Maurice Ravel: Bolero –
Robert Schumann: Kinderszenen –
Georges Bizet: Ballettmusik aus Carmen (4. Akt) –
Ludwig van Beethoven: Mondscheinsonate (Sonate für Klavier Nr. 14, cis-Moll, op. 27) –
Ludwig van Beethoven: Wut über den verlorenen Groschen (Albumblatt »für Luise«) –
Franz Schubert: Impromptu As-Dur –
Franz Schubert: Militärmarsch Nr. 1 D-Dur –
Franz Schubert: Forellenquintett –

Franz Schubert: Moments musicaux (Impromptus) –
Albert Lortzing: Holzschuhtanz aus »Zar und Zimmermann« –
Giuseppe Verdi: Hymne und Triumphmarsch aus »Aida« –
Aram Khatschaturian: Säbeltanz aus »Gayaneh« (Ballettsuite) –
Luigi Boccherini: Menuett Es-Dur –
Carl Maria von Weber: Aufforderung zum Tanz –
Franz Liszt: Ungarische Rhapsodien Nr. 2 und Nr. 12 –
Jacques Offenbach: Ouvertüre zu »Orpheus in der Unterwelt« –
Jacques Offenbach: Can-Can aus »Gaîté Parisienne« –
Franz von Suppé: Ouvertüre zu »Dichter und Bauer« –
Franz von Suppé: Ouvertüre zu »Leichte Kavallerie« –
Piotr Tschaikowsky: Capriccio Italien –
Peter Tschaikowsky: Walzer aus »Dornröschen« (Ballett) –
Peter Tschaikowsky: Nußknackersuite op. 71a –
Peter Tschaikowsky: »Ouverture solonelle« 1812« op. 49 –
Sergej Prokofieff: Peter und der Wolf.

Suchen Sie weitere Werke, die für Kinder ab sechs Jahren geeignet sind, so ist ein Verzeichnis zu empfehlen, das von einem fach-
kundigen Gremium herausgegeben wurde und zahlreiche Angaben enthält:
■ »Schallplatten für Kinder«, zu beziehen durch: Friedrich-
    Bödecker-Kreis, Sophienstraße 2, 3000 Hannover.
Das umfassendste Schallplattenverzeichnis für klassische Musik
mit allen Neuerscheinungen in verschiedenen Interpretationen
ist:
■ Bielefelder Katalog, Klassik, Bielefelder Verlagsanstalt, Schil-
    lerstraße 20, 4800 Bielefeld.

...draußen

Wer gesund bleiben will, muß viel an die frische Luft.
Tagsüber halten wir uns in geschlossenen Räumen auf,
in überhitzten Büros, in lauten Fabrikhallen.
Nutzen wir den Feierabend und das Wochenende,
den freien Arbeitstag und den Urlaubstag, um
- mal wieder frische Luft zu tanken,
- aufs Land zu fahren,
- im Wald, auf der Wiese, im Garten aufzuatmen.

Vom Spaß im Freien mit der Familie und mit Freunden
soll im zweiten Teil die Rede sein.

Das Wandern bringt groß Freud

Bewegung ist für den heutigen Menschen notwendiger denn je. Wir sitzen zuviel. Kinder sitzen in der Schule, sitzen über den Hausaufgaben, sitzen vor dem Fernsehschirm, sitzen im Auto. Erwachsenen geht es nicht anders. Durch die Abnahme der körperlichen Arbeit im Beruf und im Haus ist Bewegung in der Freizeit dringend erforderlich, wenn wir gesund bleiben wollen. Unbeständiges Wetter ist kein Grund, das ganze Wochenende im Haus zu hocken. Wie heißt es so schön: »Es gibt kein schlechtes Wetter, es gibt nur unpassende Kleidung!«

- Unternehmen wir etwas mit unseren Kindern und mit Freunden!
- Bewegen wir uns, damit die Muskeln merken, daß sie überhaupt noch gebraucht werden!
  Bewegung bringt wieder Spaß ins Leben!

1. Radtour

Radfahren ist wieder »in«. Aber wenn es zum Vergnügen für alle Familienmitglieder werden soll, ist einiges zu beachten.
Wenn die Familie noch kein Fahrrad hat, wird man sich fragen: Klapprad oder Normalrad? Für lange und häufige Touren ist das Klapprad nicht geeignet, man trampelt zuviel. Für Familien in der Großstadt hat es den Vorteil, daß man Klappräder bis zum Stadtrand im Kofferraum verstauen kann, allerdings wohl kaum mehr

als zwei. Auch für Kinder von sechs bis neun Jahren ist ein Klapprad geeignet. Das Normalrad bietet jedoch meist mehr Vorteile.

Vor einer längeren Tour sollte man überprüfen, ob das Fahrrad auch komplett ist: Licht, Bremsen, Werkzeug, Flickzeug. Verbandszeug bitte nicht vergessen!

Die fahrradgerechte Kleidung muß luftig sein, jedoch nicht zu dünn und nicht zu weit (Hose, Rock). Grundsätzlich gehören warme Pullover dazu sowie Sonnenbrillen und Regencapes in einer auffälligen Farbe.

Für die Länge einer Radtour gilt, genau wie beim Wandern oder Wassersport: Tempo und Dauer richten sich nach dem Jüngsten. Kinder unter 10 Jahren sollten nicht mehr als 15 km am Tag fahren, jeweils nach 5 km wird eine Pause eingelegt. Bei älteren Kindern: 30 km pro Tag, nach 10 km Pause.

Die Ausrüstung ist für alle gleich: Sie brauchen für jedes Rad Zwillingspacktaschen, die alles Notwendige aufnehmen. Eine Decke für das Picknick wird noch auf den Gepäckträger des Vaters geschnallt. Wer in einer Jugendherberge übernachten will, meldet sich tunlichst rechtzeitig vorher an.

Es kann sein, daß die Kinder die Begeisterung der Eltern für Radtouren nicht gleich teilen. Deshalb: Zwischen der Strampelei immer wieder Pausen einlegen: Pausen zum Essen und Trinken und vor allem Pausen zum Spielen.

■ Routen für Radwanderungen in Münsterland finden Sie in dem Buch: Theo Breider, Der Pättkesführer, Verlag Aschendorff, Münster.

■ Ein Tip für den Urlaub: In Deutschland verleihen die meisten Bahnhöfe Fahrräder, die an jedem anderen Bahnhof wieder abgegeben werden können. Auch Kurverwaltungen verleihen Räder. Prospekte »Fahrrad am Bahnhof« mit Tourenvorschlägen erhalten Sie an den Bahnhöfen oder bei: Werbeamt der Deutschen Bundesbahn, 6000 Frankfurt.

Aber auch ohne Radtour gilt: Alle Kinder haben Freude an Fahrrädern. Sie radeln gern und viel. Die Anschaffung eines Fahrrades lohnt sich in jedem Fall.

2. Wandern

Die Grundausrüstung für eine Halbtags- oder Ganztagstour sind feste Schuhe, kurze oder lange Hosen, Hemd und Bluse, Pullover, Anorak, bei längeren Wanderungen auch eine Regenhaut. Verbandszeug, Taschenlampe und Wanderkarte gehören ebenfalls dazu.

Ob Mini-Ausflug (mit jüngeren Kindern) oder Wochenendtour, entscheidend ist die richtige Planung, an der alle beteiligt werden, die mitlaufen.

Wanderspiele

Je jünger die Kinder sind, desto weniger interessiert sie die Schönheit der Natur. Sie brauchen Spaß und Ablenkung, wenn sie länger laufen sollen.

Bei diesen Spielen machen Fünfjährige ebenso gern mit wie Zwölfjährige:

Ich sehe was, was du nicht siehst

Das auf Seite 16 beschriebene Spiel wird auf die Umgebung in der Natur übertragen: blaue Glockenblume am Weg, Bank, krumm gewachsener Baum, ein Hochsitz.

Hänschen klein, ging allein

Erst singen alle normal, dann werden alle Vokale gleich gesungen, etwa als »a«: Hanschan klan gang allan ... Wer einen Vokal falsch singt, muß 20 Schritt zurückbleiben und dann laufen, damit er die andern wieder einholt. Macht der Jüngste etwas falsch, bleiben alle andern stehen, lassen ihn 20 Schritt vorlaufen und fangen ihn dann wieder ein.

Die böse Sieben

Reihum wird gezählt, bei 1 beginnend, und zwar möglichst schnell. Bei allen Zahlen, in denen eine 7 vorkommt, sagt derjenige, der an der Reihe ist, nur »ratsch«. Wer sich verspricht und die Zahl nennt, muß einen Stein aufheben. Wenn einer seine Steine nicht mehr tragen kann, scheidet er aus. Bei Älteren nimmt man alle Zahlen hinzu, die durch 7 teilbar sind.

Jogging

Das ist ein modernes Wort für kleine Trimmunterbrechungen beim Wandern für die ganze Familie, z. B. Hüpfen, erst auf dem rechten, dann auf dem linken Fuß. Ziel ist der nächste Baum. Wer unterwegs aufgibt, hat verloren.
Variationen:
Mit beiden Beinen hüpfen (möglichst hoch) und die Arme dabei vor- und zurückwerfen,
einen Fuß mit der Hand anfassen und auf einem Bein hüpfen,
sich in einer Reihe niederkauern, die Arme in die Hüften stützen und wie ein Frosch hüpfen.

Mach mal Pause

Pausen machen wir am besten an interessanten Plätzen: an kleinen Bächen, Felsgruppen, Aussichtstürmen, Burgruinen usw. Jede Pause wird erst schön durch Essen. Vergessen wir deshalb nicht die Marschverpflegung. Für Kinder ist das Trinken noch wichtiger als das Essen. Selbstverständlich kommen alle Abfälle anschließend in den Rucksack.

Spiel am Bach

Bei der Rast am Bach werden auch die müdesten Kinder munter. Die Eltern brauchen meist gar nichts zu tun, als sich hinzusetzen und die Kinder gewähren zu lassen. Wenn der Vater mithilft, einen Damm zu bauen, ist die Begeisterung groß. Vielleicht faltet die Mutter inzwischen ein Schiffchen aus Papier. Aus Rinde können leicht Boote geschnitzt werden. Holzstückchen tun es auch.

Wassermühle

Eine besondere Attraktion ist es, wenn vorher zu Hause eine Wassermühle gebaut wurde. Das ist gar nicht so sehr kompliziert. Ein Stock, der sich an den Enden auf zwei Gabeln dreht, wird durch eine Blechdose (große Büchsenmilchdose) gesteckt, jeweils durch die Mitte der Deckel. Auf den Seitenflächen werden vorher an 6 Stellen Holzbrettchen befestigt. Das sind die Schaufeln. Wenn der Wasserstrahl auf die Schaufeln trifft, dreht sich die Mühle. Ein kleiner Wasserfall ist durch einen Damm schnell hergestellt.

Das Sieben-Steine-Spiel

Sieben große Steine hintereinander aufbauen. Der am weitesten entfernte Stein ist 100 Punkte wert, die andern jeweils etwas weniger. Wer mit kleinen Steinen die großen trifft, bekommt die entsprechenden Punkte gutgeschrieben.

Das Stock-Schnell-Spiel

In den Boden ein Loch, darüber wird ein Stöckchen gelegt. Mit einem langen Stock schnellt man das Stöckchen so weit wie möglich fort. In einigem Abstand stehen die Gegner und versuchen, das Holz in der Luft zu fangen. Gelingt es ihnen, bekommt der Fänger 20 Punkte. Fällt es zu Boden, hat der Mann am Loch so viel Punkte gewonnen, wie Schritte zwischen dem Loch und der Aufprallstelle sind. Nach jedem Schnellen wechseln die Parteien.

Picknick-Schnitzeljagd

Ein Vortrupp von 1–3 Personen macht sich 10 Minuten vor den anderen auf den Weg mit dem Picknickkorb. Der Korb enthält als Preis einige leckere Dinge zum Essen. Durch Sägemehlspuren auf dem Weg wird die Richtung angedeutet, etwa als Richtungspfeile in gewissen Abständen. Umwege dürfen angelegt werden. Die Verfolger müssen den Preis abjagen. Wenn die Verfolger mehr als 10 Minuten später am Ziel sind, dürfen die Schnitzelleger den Preis behalten. Lassen Sie sich verlockende Preise einfallen, das erhöht die Spannung. Ein Revanchespiel mit vertauschten Rollen gibt den Verlierern eine Chance, auch noch zu einem Preis zu kommen.

Indianer

In einem Kreis von 2 Metern Durchmesser sitzt ein Horcher mit verbundenen Augen. In dem Kreis liegen 20 Gegenstände, wie Steine, Zweige, Trinkflasche usw. Die Indianer müssen aus 20 Meter Entfernung heranschleichen und die Gegenstände holen, und zwar jeweils nur einen. Dann schleichen sie wieder 20 Meter zurück und fangen neu an. Ein Schiedsrichter paßt auf, daß alle Spielregeln eingehalten werden. Hört der Horcher ein Geräusch und zeigt genau auf die Stelle, muß der Betroffene wieder an den Ausgangspunkt zurück. Gewonnen hat, wer die meisten Stücke gesammelt hat. Man kann eine bestimmte Zeitbegrenzung vereinbaren.

3. Nachtwanderung

Die Nacht ist unheimlich und voller Spannung. Auf geht's mit Freunden oder mit der Familie. Wenn Mutter nicht mitmacht, so vielleicht der Vater mit den Kindern. Die Nacht wird zum Tag gemacht. Jedes Geräusch erschreckt, doch ist es meistens kein Gespenst. Belegte Brote und eine Warmhaltekanne mit heißem

Tee oder Kaffee dürfen nicht fehlen. Nachtwandern macht hungrig.

Eine Nachtwanderung empfiehlt sich in den Ferien oder am Wochenende, wenn man am andern Tag richtig ausschlafen kann. Auch dürfen die Kinder nicht zu jung sein.

Variation für Großstädter: Schaufensterbummel zu später Stunde. Wohl mehr etwas für Eltern allein oder mit Freunden. Kinder langweilen sich dabei.

4. Der Olympiasonntag

Warum unternehmen wir am Sonntag nicht mal eine Spazierfahrt zur nächsten Trimmstation? Die ganze Familie macht mit. Die Kinder sorgen schon dafür, daß Vater und Mutter auch »aufgetrimmt« werden. Wenn wir uns an die Ordnung des Trimmpfades halten, bekommen wir ein ganz schönes Fitprogramm zusammen. Der Spaß fängt an, wenn der etwas »Eingerostete« seine Hemmungen überwindet und denkt: »Sollen die doch alle blöd gucken. Mir macht's Freude.«

Eigentlich sollte der Trimmpfad nur eine Erinnerungsstütze sein. Es darf nicht beim ersten und einzigen Mal bleiben. Da er nicht gerade vor der Haustür liegt, ist es das beste, jeder erfindet sich

seine eigene Trimmstation für zu Hause: vor dem offenen Fenster und »ums Viertel herum«.

5. Quer durch den Wald

Die üblichen Familienspaziergänge am Wochenende sind für die meisten Kinder »doof«. Sie dürfen sich nicht schmutzig machen, nicht rennen, nicht laut sein, sondern müssen artig und brav an Mamas und Papas Seite auf gepflegten Wegen durch gepflegte Parkanlagen spazieren.
Warum machen wir aus dem üblichen Spaziergang nicht ein Vergnügen für alle? Wir fahren mit dem Auto raus, packen derbe Schuhe und für die Kinder Hosen ein, die etwas aushalten, und machen uns am Waldesrand fertig zur Tour quer durch den Wald. Die Kinder dürfen laufen und springen, klettern und rutschen, Beeren und Steine sammeln (siehe auch S. 122), Fangen und Verstecken spielen, eine Tannenzapfenschlacht machen und am Bach einen Damm bauen. Wenn Eltern eine Weile mitgemacht haben, verschnaufen sie auf einer Decke, einer Bank, auf gefällten Bäumen oder auf dem Rasen. Die Kinder spielen gern noch einige Zeit, besonders wenn sie einen Freund oder eine Freundin mitnehmen dürfen.

6. Auf zum ...

Ein Spaziergang wird für Kinder erst richtig schön, wenn ein Wanderziel im Mittelpunkt steht, das Kinder reizt. Gemeint ist nicht das überfüllte Ausflugslokal, wo die Kinder sich nur so lange wohl fühlen, bis die Torte aufgegessen und der Sprudel getrunken ist. Gemeint sind vielmehr Wanderziele der näheren Umgebung, bei denen es etwas Besonderes zu sehen und zu entdecken gibt.

Ziele für Kinder im Vorschulalter:
Postamt, Sparkasse, Polizeistation, Bahnhof (!),
Blumengeschäft, Warenhaus, Tierhandlung,
Kirche, Apotheke, Tankstelle, Baustelle, Spielplatz.

Naturkundliche Ziele:
Aussichtspunkte und Aussichtstürme,
Quelle und Wasserfall,
Talsperre und See,
Tropfsteinhöhle und Felspartie,
Hochheide und Forstlehrpfad,
Wildgehege und Vogelschutzwarte,
Tierpark und Zoo.

Kunsthistorische Ziele:
Klöster und Kirchen,
Burgen und Schlösser (Burgruinen!),
Tore und alte Häuser,
Wasser- und Windmühlen (Freilichtmuseen).

Weitere Ziele:
Flughafen, Segelfluggelände,
See- und Flußhafen, Hallenbad, Freibad,
Märchenwald, Minigolfplatz.

Oftmals läßt sich der Spaziergang mit einer Radtour (siehe S. 84), einer Wanderung (siehe S. 86), einem Tagesausflug (siehe S. 138 ff.) verbinden.

7. Sport für jedes Lebensalter

Menschen, die Sport treiben, sind widerstandsfähiger. Das haben wiederholt Untersuchungen bewiesen.
Natürlich darf der Sport nicht so übertrieben werden, daß er der Gesundheit schadet. Es geht nicht in erster Linie um Hochleistungssport, sondern um Körperertüchtigung. Sport muß immer der körperlichen und geistigen Entwicklung angepaßt werden.

Erstes und zweites Lebensjahr

Mit Säuglingsgymnastik beim Windeln beginnt es: »Radfahren« mit den Beinchen, an den Ärmchen hochziehen lassen, Bauchlage (Köpfchen heben), den Stemmbewegungen Widerstand

93

entgegensetzen. In jedem Säuglingspflegekurs werden spezielle Übungen angegeben.

Ein Ball sollte zum ersten Spielzeug gehören. Das Kind lernt dabei vor allem, die Körperbewegungen aufeinander abzustimmen.

Kriechen, Krabbeln, Laufen ist der »Sport« der ersten beiden Lebensjahre.

Drittes bis sechstes Lebensjahr

Ab 2 Jahren beginnt das Kind zu klettern. Das sollte vor allem anderen gefördert werden. So lernt das Kind, sich selber zu betätigen. Gerade das Selbstüben hat im Vorschulalter im Vordergrund zu stehen. Dem Kind muß Gelegenheit gegeben werden, sich körperlich zu regen und seine körperliche Ausbildung sicher und weitgehend selber zu betreiben. Dazu benötigt es vor allem Raum und Zeit, um sich ohne großes Reglement austoben zu können.

Für die Gesundheit und Leistungsfähigkeit unserer Kinder im Vorschulalter ist es besser, wenn sie sich selbständig in der Bewegung üben, als wenn sie allzu früh durch organisiertes Turnen in Turnhallen und Sportvereinen eingeengt werden. Deshalb meine ich, der eigentliche Sport sollte erst mit dem Schulalter beginnen.

Sechstes bis zehntes Lebensjahr

Das Grundschulalter ist die richtige Zeit, mit Sport zu beginnen. Erstens braucht das Kind möglichst viel Bewegung als Ausgleich für das Stillsitzen in der Schule, zweitens sucht es jetzt den Kräftevergleich mit anderen, den Wettkampf.

Mit 7 oder 8 Jahren kann Ihr Kind die erste Bekanntschaft mit Ballspielen machen – mit Tischtennis, Federball und vor allem natürlich mit Fußball.

94

Jedes Kind sollte im Grundschulalter schwimmen lernen. Heute gibt es in größeren Orten Freibäder für den Sommer, in den meisten auch Hallenbäder für Sommer und Winter. Schwimmkurse werden von vielen Organisationen angeboten, so daß jeder Gelegenheit hat, schwimmen zu lernen.

Das Grundschulalter ist auch die richtige Zeit, mit dem Wintersport zu beginnen. Was Sie dabei beachten müssen, können Sie auf den Seiten 105 bis 119 lesen.

Und schließlich wird Radfahren in diesem Alter großgeschrieben (siehe dazu auch S. 84 bis S. 86).

Zehntes bis vierzehntes Lebensjahr

Gegen Ende der Grundschulzeit beginnt der Vereinssport. Fußballvereine, Turnvereine und andere Sportklubs nehmen in der Regel Kinder ab etwa 10 Jahren auf. Wenn es Ihnen gelingt, Ihre Kinder für einen Sportverein zu gewinnen, haben Sie einen wichtigen Beitrag zur späteren Freizeitgestaltung geleistet. Der Sportverein bietet viel mehr Möglichkeiten als das freie Spiel mit anderen Kindern. Wer Überdurchschnittliches leisten will, kann es nicht ohne den Verein. Wenn Kinder frühzeitig in den Vereinssport hineinkommen, ist am ehesten die Chance gegeben, daß sie später weitermachen.

Ab vierzehntem Lebensjahr

Die Jahre zwischen 14 und 18 sind die Zeit, in der Jugendliche am intensivsten Sport treiben. Ballspiele und Wettkämpfe sind sehr beliebt. Durch sportliche Erfolge gewinnen Pubertierende mehr Selbstsicherheit. Sportliche Aktivitäten lenken von allzu früher sexueller Betätigung ab. Jugendliche, die Sport treiben, sind im allgemeinen für negative Einflüsse der Umgebung weniger anfällig. Hier gilt das Sprichwort: »Müßiggang ist aller Laster Anfang.« Nur ist darauf zu achten, daß Jugendliche nicht durch stundenlanges Tennis- oder Volleyballspiel den im Wachstum begriffenen Organismus übermäßig und einseitig strapazieren und sich womöglich gesundheitliche Schäden zuziehen.

95

Und Erwachsene?

Sportplätze sind nicht nur für Leistungssportler da. Gerade an den Abenden von Wochentagen sieht man mehr und mehr Frauen und Männer, die im Sommer im Freien, im Winter in der Halle an Geräten turnen, Gymnastik und Leichtathletik treiben oder auch Feld- und Hallenspiele mitmachen. Für diese Freizeitler ist das Dabeisein wichtig. Sie passen ihre sportliche Leistung ihrer Konstitution an und steigern die Anforderungen nur langsam. Wer hier einmal mitgemacht hat, weiß, wie gesund dieses Bewegen ist, solange es nicht in Überanstrengung ausartet. Versuchen Sie's ruhig mal!

Gymnastik

Hausfrauen meinen nicht selten, Bücken, Kriechen und Treppensteigen sei Bewegung genug, um fit zu bleiben. Aber schwere Hausarbeit hat wenig mit dem harmonischen Bewegungsablauf der Gymnastik zu tun. Bei der Hausarbeit werden immer nur die gleichen Muskeln angespannt. Gymnastik lockert die gesamte Muskulatur, fördert die Durchblutung, steigert das Wohlbefinden.
Mehr noch als Hausarbeit belasten zahlreiche Berufe einseitig, oder aber belasten den Körper überhaupt nicht. Für viele Berufstätige sind Bewegung und Gymnastik zur Erhaltung der Gesundheit dringend erforderlich. In diesem Buch wurden schon manche Anregungen gegeben, doch sei die Bedeutung der Gymnastik noch einmal besonders herausgestellt. Gymnastikkurse werden von Sportvereinen und Volkshochschulen in großer Auswahl angeboten: tänzerische und rhythmische Gymnastik bis hin zu Übungen an Turngeräten. Oftmals sind die Kurse nach Altersgruppen gestaffelt. Sie sind dann in einer Gruppe Gleichaltriger und Gleichgesinnter, denen es nicht auf Hochleistung ankommt, und brauchen keine Hemmungen zu haben, den Anforderungen nicht gewachsen zu sein. Die Kurse umfassen etwa 10 bis 15 Doppelstunden, wöchentlich eine, und kosten pro Kurs zwischen 10,– und 30,– DM.
Wenn nicht regelmäßig, so sollten Sie wenigstens von Zeit zu Zeit einen Gymnastikkurs belegen.

96

Tanzkurs für Ehepaare

Die Tanzstundenzeit liegt schon ziemlich lange zurück. Wie wär's mit einem Tanzkursus für Ehepaare? Es geht nicht nur darum, die neuen Gesellschaftstänze zu erlernen und bekannte Tänze aufzufrischen, es geht vor allem um körperliche Bewegung, es geht um Spaß und Geselligkeit. Gesellschaftstanz lernen Sie am besten in der Tanzschule, die natürlich etwas teurer ist als ein Kursus in der Volkshochschule; je nach der Anzahl der Ehepaare pro Paar zwischen 100,– und 200,– DM für 10 Abende. Künstlerischer Ausdruckstanz, Ballett, Jazz-dance, Folklore, Pantomime werden in Spezialschulen und Tanzstudios (manchmal auch in der Volkshochschule) angeboten.

Seilspringen

Läufer, Springer, Boxer und Gewichtheber halten sich fit durch Seilchenspringen. Geschicklichkeit, schnelle Reaktion und körperliche Kondition sind erforderlich, um sich nicht zu verheddern.
Noch besser ist, wenn zwei ein langes Seil im Kreis schwingen und zu fremdem Rhythmus gesprungen werden muß. Sie glauben gar nicht, wie das munter macht.

Schwimmen

Der Arzt weiß: Es gibt kaum einen Sport, der so gesund ist wie Schwimmen. Der Vorteil dieses Sportes ist, daß er bis ins hohe Alter betrieben werden kann und den gesamten Organismus kräftigt.
Hallenschwimmbäder gibt es heute in fast jeder Gemeinde. Sie können also unabhängig von Wetter und Jahreszeit etwas für Ihren Kreislauf tun.
Und wenn Sie noch nicht schwimmen können, dann holen Sie es jetzt nach. Niemand braucht Angst zu haben. Es gibt auch im fortgeschrittenen Alter noch zahlreiche Anfänger. Überall werden spezielle Kurse für erwachsene Nichtschwimmer angeboten, oft nach Männern und Frauen getrennt. Man ist da ganz ungeniert unter sich und wird von erfahrenen Bademeistern und Sportleh-

rern unterrichtet. Ein Kurs von zehn Abenden kostet einschließlich Eintritt etwa 40,– bis 50,– DM.

Über das Vergnügen, das die ganze Familie am Wasser haben kann, handelt der folgende Abschnitt.

Am Wasser

Wasser hat für Kinder etwas Faszinierendes an sich. Eine ursprüngliche Freude überkommt sie, wenn sie im Sommer im Planschbecken herumtollen oder in der Badewanne ihre Schiffchen schwimmen lassen, wenn sie übermütig im Regen herumlaufen oder durch Pfützen patschen, wenn sie schließlich im Meer schwimmen oder Taucher spielen. Das feuchte Element nimmt sie so gefangen, daß sie beinahe alles um sich herum vergessen. Hinzu kommt: Wasser übt wie kaum etwas anderes eine ungemein beruhigende und entspannende Wirkung auf den Menschen aus und kräftigt alle Organe. – Wasser eröffnet mannigfache Möglichkeiten erlebnisreicher und froher Stunden.

1. Rudern und Paddeln

Wo Wasser ist, gibt es meist auch Boote zu entleihen. Rudern oder paddeln Sie mit Freunden oder mit der Familie, in einem Boot oder auch zu zweien. Da kann man sich mal richtig in die Riemen legen. Das entspannt, und man schläft herrlich danach. Für kleinere Kinder und »Freizeit-Seeleute«, die sich erst ans Wasser gewöhnen müssen, sind Schlauchboote ideal. Sie sinken nicht, kippen nicht so leicht um, und man kann auf dem seichtesten Wasser mit ihnen schippern. Kinder unter 7 Jahren sollten immer im Boot der Eltern sitzen, Kinder ab 11 Jahren fahren am liebsten allein in einem Boot – oder mit einem Freund. Zubehör: Ruder oder Paddel, eine Wurfleine zum Festmachen, für Nichtschwimmer eine Schwimmweste mit Nackenwulst, für ungeübte Schwimmer Schwimmflügel für die Oberarme.

Fischerstechen

Zwei Mannschaften in zwei Schlauchbooten (Vater mit Tochter und Mutter mit Sohn) kämpfen gegeneinander. Die Kinder knien

im Bug der Boote und versuchen, sich mit eineinhalb bis zwei Meter langen Stangen (vorn mit Stoffresten gut gepolstert) aus dem Boot zu stoßen.

Pirateninsel

Einer sitzt im Schlauchboot, die anderen versuchen, es zu entern und den Pirat ins Wasser zu werfen. Dann ist der nächste Pirat dran. Wer sein Schiff am längsten erfolgreich verteidigt, wird Oberpirat und darf sich von den andern rudern lassen.

Schnorcheln

Ein Spiel ohne Regeln, zu dem Sie – außer klarem Wasser – noch ein paar Dinge brauchen: Taucherbrille, einen 35 cm langen Schnorchel mit möglichst weichem Mundstück und ein Paar Flossen. Wer schwimmen kann, kann auch schnorcheln. Die Atemtechnik kommt dann ganz von allein. Ein Tip für den Anfänger: zuerst etwas langsamer und tiefer atmen als normal.

Boote schwimmen lassen

Manche Kinder steigen selber nicht gern in ein Boot, lassen aber dafür um so lieber am Ufer ihre Schiffchen schwimmen. Es gibt mannigfache Arten: aus Holz und Plastik, mit und ohne Antrieb, Segelboote und Dampfer, Unterseeboote und Delphine.

Große Wassertour

Wenn Sie mit Ihrer Familie etwas mehr wollen, als auf dem Wasser schaukeln und spielen und wenn in Ihrer Nähe Flüsse sind,

99

empfehle ich Ihnen Falt-Paddelboote. Sie sind leicht zu transportieren. Allerdings müssen die Kinder älter als 9 Jahre sein. Dann ist eine große Wassertour ein ganz besonderes Wochenendvergnügen.

Eine solche Tour sollte gründlich vorbereitet werden. Wasserfeste Spezial-Gewässerkarten und das

■ Deutsche Fluß- und Zelt-Wanderbuch, herausgegeben vom Deutschen Kanu-Verband, Bertaallee 8, 4100 Duisburg,

helfen Ihnen dabei.

Auf folgende Punkte müssen Sie bei der Planung achten:

■ Welche Gewässer dürfen befahren werden?
■ Sind Stauwehre auf der Strecke?
■ Lassen sie sich leicht überwinden?
■ Wie stark sind die Strömungen?
■ Wo gibt es Zeltplätze?
■ Welche Wassersportvereine können unterwegs helfen?

Wenn Sie bei einer Wochenendtour zelten, benötigen Sie:
ein Hauszelt für vier Personen,
Luftmatratzen,
Trainingsanzüge,
einen kleinen Kartuschenbrenner,
Eßgeschirr und -besteck,
einen Kleidersack aus Gummi (Ersatzwäsche, Ersatzkleider),
Fahrtenmesser,
Taschenlampe,
Sonnenöl und Sonnenbrille,
Mückenschutzmittel (wichtig!).

2. Urlaub am Wasser

In manchen Familien gibt es eine schöne Regel: Einmal in der Woche ist Schwimmtag. Kinder sind begeistert, wenn Vater und Mutter sich aufraffen.

Wo das nicht möglich ist, sollte wenigstens in den Ferien regelmäßig gemeinsam geschwommen werden.

Mit jüngeren Kindern ist Urlaub am Wasser und am Strand ideal. Es gibt nichts Schöneres. Wenn man ein wenig darauf achtet, daß

Kinder vor der prallen Sonne geschützt sind, besonders in den ersten Tagen, gibt es kaum Probleme. Spiele erhöhen den Spaß.

Eine Sandburg bauen

Zum Strand gehört die Sandburg. Sonst fehlt etwas. Den Wall rundherum kann man mit Muscheln und Steinen verzieren. Vielleicht hilft Vater mit beim Bauen der unterirdischen Gänge.

Sandschneiden

Eine Sandburg auftürmen und einen Stock auf die Spitze stecken. Abwechselnd nimmt jeder mit einem Löffel Sand weg. Bei wem der Stock umfällt, der muß ein Pfand bezahlen. Hinterher werden die Pfänder eingelöst.

In den Sand malen

Die Tochter muß vom Vater, der Sohn von der Mutter ein »Porträt« mit dem Finger in den geglätteten und angefeuchteten Sand malen. Ist das Bild gelungen, gibt es zur Belohnung ein Eis. Anschließend malen Vater und Mutter von den Kindern ein Sandporträt.

Zielscheibe

Eine Zielscheibe wird in den Sand gezeichnet, mindestens 3 Ringe umeinander. In den innersten schreiben wir 10, in die anderen nach außen hin 5, 2, 1. Jeder bekommt einige etwa gleichgroße Steine (oder Muscheln) und versucht von einer Wurflinie aus die Zielscheibe zu treffen. Wer mit 4 Würfen die meisten Punkte erreicht, hat die erste Runde gewonnen. 3 Runden werden gespielt.

101

Lahme Enten

Ein Wettschwimmen besonderer Art ist der Wettkampf der »lahmen Enten«. Dabei schwimmt man entweder nur mit den Armen (das ist ziemlich anstrengend) oder nur mit den Beinen. Wer zuerst am vereinbarten Ziel ist, hat gewonnen.

Ball holen

Der Wasserball sollte immer dabei sein. Mit ihm lassen sich viele Spiele ausdenken. Zwei Kinder stehen im Wasser einander gegenüber, ein drittes befindet sich in der Mitte. Die beiden gegenüberstehenden werfen einander den Ball zu und versuchen, das in der Mitte stehende Kind abzuwerfen. Es darf den Ball fangen und einen Außenstehenden abwerfen, oder dem Ball ausweichen. Hat es einen Außenstehenden getroffen, bekommt es einen Pluspunkt, wird es selber getroffen, einen Minuspunkt. Bei 5 Minuspunkten (Pluspunkte werden abgezogen) wird gewechselt.
Variation: der Ball wird von einem Schiedsrichter ins Wasser geworfen, und auf ein Startkommando schwimmen die andern los. Wer den Ball holt, ist Sieger.

Ans Wasser gewöhnen

Schwimmenlernen beginnt damit, daß Kinder sich im Wasser wohl fühlen, und zwar in jeder Lage, auch unter Wasser. Kleine Spiele sind besonders wichtig für ängstliche und wasserscheue Kinder.

■ Vor allen Dingen muß man sich merken: Nie mit Gewalt vorgehen!
■ Angst kann man nur verlieren, wenn man in freier spielerischer Form mit dem Wasser vertraut wird.

Solche Wasserspiele sind:
1. Schiffe und Backförmchen schwimmen lassen.
2. Puppe baden.
3. In einem Eimer Wasser holen.
4. Muscheln und Steine im Wasser suchen.

5. Das Kind anfassen und langsam ins Wasser gehen, so weit, wie es dem Kind Freude macht.
6. Fragen Sie Ihr Kind: »Kannst du allein wieder hinausgehen? Versuch es.«
7. Wir waschen im Wasser: Beine, Arme, Hals, Oberkörper.
8. Wettlauf, die Hände rudern mit.
9. Auf das Wasser schlagen.
10. »Du darfst mich naßspritzen.«
11. Wie ein Häschen hüpfen.
12. Wie ein Hund im Wasser krabbeln.
13. Wie ein Storch gehen. Beine hochheben.
14. Gesicht waschen.
15. Ball ins Wasser werfen und selbst rausholen.
16. Ball ins Wasser drücken und hochspringen lassen.
17. Ball durch die gegrätschten Beine schieben und loslassen.
18. Im hüfttiefen Wasser Werfen und Fangen spielen.
19. Eine Handvoll Sand heraufholen. Zuerst mit einer Hand, dann mit beiden Händen.
20. »Hoppe-hoppe, Reiter« singen, bei »plumps« in die Hucke gehen.
21. Ins Wasser brüllen.
22. Blubbern.
23. Ins flache Wasser setzen und mit den Händen tiefer hinein- schieben.
24. Mit den Händen Wasser schöpfen und über den Kopf schüt- ten.
25. Mit den Beinen strampeln und spritzen.
26. Hinsetzen und Beine schwimmen lassen.
27. Froschhüpfen, bei jedem Hüpfen untertauchen.
28. Siehe im Wasser verstecken, daß auch die Haare weg sind.
29. Kopf unter Wasser halten und Augen aufmachen.
30. Auf die Arme gestützt sich bäuchlings auf das Wasser legen und strampeln.

Erfinden Sie weitere Spiele! Der Schwierigkeitsgrad läßt sich steigern. Nach einiger Zeit können wir uns zurückziehen. Wenn Kinder am Wasser Freunde gefunden haben, erfinden sie selber weitere schöne Spiele.

3. Sportfischen und Angeln

Die Zahl der Angler steigt in der Bundesrepublik ständig. Waren es 1966 noch 480000, so zählte man 1972 bereits 200000 mehr, und alles spricht dafür, daß dieser Boom weiter anhält, obwohl es gesetzliche Schranken gibt. Denn angeln darf in der Bundesrepublik nicht, wer will, sondern nur, wer eine Erlaubnis besitzt. Wildes Fischen gilt bei uns als Wildfrevel – die am stillen Wasser erbeutete Forelle kann den stolzen Preis von 150,– DM oder mehr kosten, einschließlich des Verlusts der Angelgeräte.

Wer angeln will, muß zunächst einen *Jahresfischereischein* besitzen, der von den Behörden ausgestellt wird. Die Kosten sind in den einzelnen Bundesländern unterschiedlich; sie schwanken zwischen 3,– und 10,– DM pro Jahr.

In Bayern und Nordrhein-Westfalen ist darüber hinaus der Nachweis einer *Sportfischereiprüfung* Voraussetzung für die Ausstellung eines Jahresfischereischeines. Es besteht kein Zweifel, daß demnächst auch in den übrigen Bundesländern die Sportfischerprüfung vorgeschrieben wird. Durch das Bestehen dieser Prüfung unterscheidet sich der Sportfischer, der sich auch als Heger des Fischwildes versteht, vom Amateurangler.

Schließlich ist noch der Erlaubnisschein für das Gewässer erforderlich, an dem geangelt werden soll. Solche Scheine werden für einen Tag, eine Woche oder auch für einen Monat oder ein Jahr ausgegeben. Die Preise sind unterschiedlich und vom Fischbesatz und von der Zahl der Angler an diesem Gewässer abhängig.

Einem Anfänger ist zu empfehlen, daß er sich in einem Spezialgeschäft für Angler oder beim nächsten Sportfischerverein am Ort über Ausrüstung, Angelmöglichkeiten und Voraussetzungen informiert. Um sich mit dem Sport vertraut zu machen, genügt fürs erste eine preiswerte Urlaubs- und Anfängerausrüstung. Erst später, wenn zum Naturerlebnis auch die größere Erfahrung kommt, ist es Zeit, sich nach aufwendigerem Gerät umzusehen.

Zur Ausrüstung des Anglers, die im Laufe der Zeit sehr umfangreich werden kann, gehören auch wetterfeste Kleidung und ein Paar Gummistiefel.

Und hier noch einige nützliche Hinweise für den, der seine Angelpassion entdeckt hat und etwas tiefer in die Jagdgründe der Sportfischerei eindringen möchte:

■ Im hessischen Gedern gibt es eine Angelschule. Hier werden jährlich mehrere Lehrgänge durchgeführt, die mit einer Sportfischereiprüfung abgeschlossen werden können.

  Auskunft erteilt: Verkehrsbüro, 6473 Gedern, Tel. 06045/414.

■ Für nähere Auskünfte und weitere Beratung steht der Zentralverband der Sportfischer in der Bundesrepublik Deutschland zur Verfügung.

  Seine Anschrift: Verband Deutscher Sportfischer e.V., Bahnhofstr. 37, 605 Offenbach.

■ Ein offizielles Verzeichnis geeigneter Angelgewässer gibt es bei uns nicht, dagegen recht gute Bücher mit Angelnachweisen:

  1. Deutscher Angelsportführer, Gräfe und Unzer Verlag, München.
  2. Wo fängt man in Deutschland?, Paul Parey Verlag, Hamburg.

■ Angelreisen zu Urlaubszielen in Deutschland werden im allgemeinen noch nicht vermittelt. Empfehlenswert ist jedoch, hin und wieder eine Sportfischer-Fachzeitschrift (erhältlich in Fachgeschäften) zu lesen, die solche Angebote enthält.

■ Für Angelreisen ins Ausland gibt es spezielle Reiseunternehmen. Sie vereinen in den meisten Fällen Sachkenntnis mit gründlicher Prüfung der einzelnen Gewässer. Solche Unternehmen sind:

  1. Balzer-Reisedienst,
     Spessartstr. 13, 6420 Lauterbach.
  2. Angel- und Jagdreisen A. Kloth,
     Postf. 800528, 2000 Hamburg.
  3. Inter-Air, Voss & Laun,
     Triftstr. 22, 6000 Frankfurt.

Im Winter

Schnee – das ist ein wahres Paradies für Kinder und immer wieder ein neues Erlebnis. Nie läßt sich übermütiger tollen als im Winter.

Auch Erwachsene sollten den Winter mehr genießen und mit den Kindern aufs neue entdecken, was er uns an Freuden bringen kann.

Die Schneezeit ist in der Regel sehr kurz. Deshalb hinaus in die weiße Pracht, bis der Atem dampft!

1. Schneewanderung

Wissen wir überhaupt noch, wie Schnee unter den Füßen knirscht? Die Natur steht uns auch im Winter offen. Wetterfeste Schuhe und Winterkleidung sind das einzige, was wir für eine zünftige Schneewanderung benötigen.
Kinder sind erst richtig begeistert, wenn wir unterwegs mit ihnen spielen, einen Schneemann bauen oder eine Schneeballschlacht veranstalten.

Schneeballtreffen

Wer gut werfen kann, formt einen Schneeball, drückt ihn richtig fest und wirft ihn so hoch wie möglich in die Luft. Die andern sollen nun versuchen, mit eigenen Schneebällen den herunterfallenden Schneeball noch in der Luft zu treffen. Wer es schafft, bekommt einen Punkt. Wer zuerst fünf Punkte hat, ist Sieger.

Achtung! Einsturzgefahr!

Wir bauen einen hohen Schneeberg, der nach oben hin immer dünner wird. Ganz oben auf die Spitze kommt ein winziger Schneemann. Nun kratzt jeder abwechselnd mit den Händen ein Stück vom Schneeberg weg. Jeder muß aufpassen, daß der kleine Schneemann nicht herunterfällt. Zum Schluß, wenn der Schneemann auf einem ganz dünnen Berg steht, wird es besonders gefährlich. Wer den Schneemann herabstürzt, hat verloren.

Schnee-Korbball

Dazu brauchen wir eine leere Waschmitteltonne, einen Plastikeimer oder ein ähnliches Gefäß. Jeder stellt sich 3 Meter von dem Gefäß entfernt auf und versucht, von seinen 5 Schneebällen mindestens einen in den Korb zu werfen. Wer das nicht schafft, muß ausscheiden. Die anderen gehen dann einen Schritt zurück. Aus

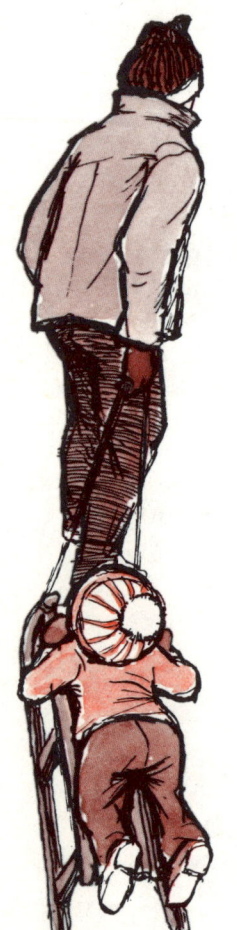

4 Meter Entfernung dürfen sie dann wieder 5 Schneebälle werfen. Bei ganz sicheren Schützen geht das Spiel noch weiter. Wer am weitesten entfernt noch trifft, ist Sieger.

2. Rodeln

Die größte Winterfreude für Kinder ist das Schlittenfahren. Den nächsten Abhang geht's hinauf und dann wird gerodelt, bis die Beine schwer werden. Ärzte sagen: Das Gesündeste am Rodeln ist nicht das Hinunterfahren, sondern das Hinaufziehen des Schlittens.
Wenn Kinder allein zum Rodeln gehen, brauchen wir nichts weiter zu tun, als sie warm anzuziehen (besonders auf warme Unterkleidung achten) und ihnen einzuschärfen: »Wenn du kalte Füße kriegst, mußt du sofort nach Hause kommen.«
Das gemeinsame Rodeln mit der Familie und mit Freunden ist so schön, daß es wieder mehr gepflegt werden sollte. Es gibt viel Spaß beim Wettfahren den Berg hinunter, oder wenn wir über die kleine Sprungschanze springen. Kleinere Kinder lassen sich gern vom Papa den Berg hinaufziehen. Und hinterher schmeckt das Essen noch einmal so gut.

3. Schlittern

Wo keine Gehwege sind, ist es ein köstliches Vergnügen, eine Schlitterbahn anzulegen. Wenn Vater und Mutter nicht zu steif sind und das Gleichgewicht noch gut halten, machen sie mit. Kinder sind hier den Eltern überlegen. Sie können stundenlang schlittern. Vielleicht hilft der Vater bei Frost mit Wasser nach, eine zünftige Schlitterbahn anzulegen.

108

4. Skilaufen

Skilaufen ist sicherlich die bekannteste Wintersportart, die auch Kinder begeistert. Man sollte nicht zu früh damit beginnen. Die unterste Altersgrenze liegt bei 4–5 Jahren, doch hat es durchaus Zeit, bis die Kinder in die Schule kommen.

Zunächst empfiehlt es sich, nur kleine Ski-Spaziergänge im ebenen Gelände zu unternehmen. Das Kind muß sich daran gewöhnen, zwei verhältnismäßig lange Holzbretter unter den Füßen zu haben.

Mit zunehmender Sicherheit kann das Kind in Begleitung der Eltern einen kurzen Abhang mit flachem Auslauf hinunterfahren. Wichtig ist einwandfreier Schnee. Tiefschnee, Pappschnee und Harsch sind für Kinder gefährlich. Kleine Kinder haben auf Pisten mit regem Abfahrtsbetrieb nichts zu suchen. Die Gefahr, überrannt und verletzt zu werden, ist zu groß.

Geduld ist beim Lernen am wichtigsten. Daher sind Väter nicht immer die besten Skilehrer, sie sind zu ehrgeizig und schimpfen zu schnell. Ein Fremder ist oft geeigneter.

Am besten lernt man Skilaufen in der Skischule. Kinder, die in Skischulen geschickt werden, sollten mindestens 7 Jahre alt sein.

Skilaufen ist aber erst ideal im Gebirge. Einmal will auch der schwächste »Flachland-Rutscher« in die Berge. Man braucht nicht zu befürchten, dem Kind könne die Höhe schaden. Der Kreislauf gesunder Kinder ist ungewöhnlichen Belastungen durchaus gewachsen.

Was die Skiausrüstung angeht, so sollte man für Anfänger, wie in allen Sportarten, nicht gleich die teuersten Skier und Skistiefel nehmen. Oftmals kann man gebrauchte, doch gut erhaltene Skier kaufen.

Vor Unfällen braucht man bei Kindern keine Angst zu haben, da Kinder weitaus gelenkiger sind als Erwachsene. Sie haben elastischere Knochen und fallen weicher, als Eltern denken. Skilaufen ist also kein gefährlicher Wintersport für Kinder. Im Gegenteil, er ist, wie jeder Wintersport, reine Medizin.

5. Schlittschuhlaufen

Nicht jeder kann sich einen Winterurlaub im Gebirge leisten oder wohnt in Reichweite einer Skipiste, aber es dürfte kaum eine größere Stadt ohne Kunsteisbahn geben, kaum ein Dorf ohne einen zugefrorenen Teich, auf dem man schlittschuhlaufen kann. Schlittschuhlaufen ist eine der gesündesten Sportarten überhaupt, besonders für Schulkinder, weil es Haltungsschäden reguliert. Und Verletzungen kommen weitaus seltener vor als beim Skilaufen.

Wenn man nicht gerade eine Kunstlaufkanone oder Eisprinzessin werden will, kann man auch ohne Trainer das Schlittschuhlaufen an der Hand des Vaters oder der Mutter lernen. Hier einige Fehler, die leicht zu vermeiden sind:

■ Achten Sie darauf, daß Ihr Kind sich nicht nur mit der Spitze der Schlittschuhe, sondern mit der ganzen Kufe abstößt.

- Viele machen den Fehler, nur auf dem Eis zu »gehen«, statt zu gleiten, oder sich immer nur mit demselben Fuß abzustoßen.
- Kaufen Sie die Eislaufschuhe für Ihr Kind nicht zu sehr auf Zuwachs. Das Leder sollte fest sein. Sorgen Sie für feste Bandagen oder dicke Socken. Der Schuh muß gut ausgefüllt und gut geschnürt sein, damit das Kind in den Knöcheln nicht umknickt.
- Kinder wachsen schnell. Vielleicht sind die Schlittschuhe schon im nächsten Jahr zu klein. Pflegen Sie sorgfältig das Leder und die Kufen. Sie können dann die Schuhe wieder gut verkaufen. Außerdem kann man bei allen Kunsteisbahnen Schlittschuhe entleihen.
- Schenken Sie Ihrem Jungen im Grundschulalter keine scharfkantigen Eishockey-Schlittschuhe. Sie sind für das Vielzwecktraining nicht geeignet.

Essen und Trinken

Es gibt ein Essen und Trinken, bei dem das Essen nicht die Hauptsache ist. Hier ist die zwanglose Geselligkeit gemeint, die sich automatisch einstellt, wenn es ungezwungen zugeht. Das ist im Freien fast immer der Fall. Man brät, ißt und unterhält sich mit den eigenen Kindern oder mit netten Freunden und trinkt und spielt und lacht. Nette Gäste sind die wichtigste Voraussetzung für einen gemütlichen Abend oder Nachmittag im Freien. Alles andere läßt sich ohne Schwierigkeiten kurzfristig improvisieren.

1. Die Griller sind unter uns

In den letzten Jahren verwandeln sich immer mehr Balkone und Kleingärten in improvisierte Rostbratereien. Heiße Würstchen auf glühenden Kohlen sind zum Partyvergnügen Nummer eins geworden.
Grillen läßt sich überall. Im Garten, auf Wiesen, auf Grünflächen (vorher Genehmigung einholen), an Flußufern und sogar im Wald gibt es Grillplätze (Auskunft geben örtliche Forstämter).
Einen Holzkohlengrill kann man bereits ab 20,– DM in Warenhäusern und Haushaltsgeschäften kaufen. Entscheidend sind eigentlich nur Standfestigkeit und gute Transportfähigkeit. Für

Balkonfeiern eignen sich die japanischen Hibaschi-Grills. Sie sind aus Gußeisen oder Ton, lassen sich leicht transportieren, werden nicht zu heiß und brennen vorzüglich.
Ob Sie Holzkohle oder Holz als Brennmaterial nehmen, spielt keine Rolle. Nur sollte der Gastgeber das Feuer rechtzeitig (etwa 1 Stunde vorher) anmachen, damit genügend Glut vorhanden ist. Bei offenem Feuer verbrennt das Fleisch.

Tips zum besseren Gelingen

■ Beim Grillen ist die Fantasie der beste Grillmeister. Beinahe alles schmeckt gegrillt gut.

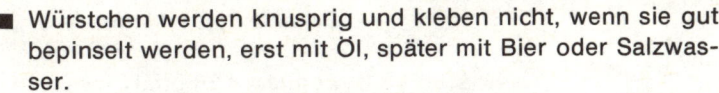

- Würstchen werden knusprig und kleben nicht, wenn sie gut bepinselt werden, erst mit Öl, später mit Bier oder Salzwasser.
- Kartoffeln vorher waschen (nicht pellen) und in Alufolie verpacken. Sie brauchen länger, bis sie gar sind.
- Fleisch vorher zu Grillportionen zerkleinern. Kleine Teile gelingen besser und schneller. Es eignen sich Koteletts, Steaks, Rippchen, Leber, Frikadellen.
- Fische säubern und in Portionen zerteilen (Heringe, Makrelen, Forellen). Sie sind gar, wenn sich die Schwanzgräte leicht drehen läßt.
- Weißbrote in Alufolie verpacken.
- In der Schale gegrillte Bananen und Äpfel sind eine köstliche Nachspeise.
- Salate und Soßen vervollständigen den Grillspaß.

Dänischer Tomatensalat

Zutaten: 1 Kopf grüner Salat, 8 Tomaten, 50 g Roquefort, $1/8$–$1/4$ l saure Sahne, Schnittlauch.
Zubereitung: Eine Salatschüssel mit gewaschenen Salatblättern auslegen. Gewaschene, in Achtel geschnittene Tomaten darauf verteilen. Aus Roquefort und saurer Sahne eine Marinade bereiten und diese über die Tomaten gießen.

Pilzsalat

Zutaten: 250 g frische kleine Champignons, $1/2$ Glas Mayonnaise, $1/2$ Zitrone, 1 Eßlöffel frisch ger. Meerrettich, 1 Eßlöffel feingehackte Kräuter (Kerbel, Estragon, Petersilie), Salz, Pfeffer, Kopfsalatblätter, 1 gekochtes Ei, gehackte Eiswürfel.
Zubereitung: Champignons waschen, putzen und in Scheiben schneiden. Mayonnaise mit den angegebenen Zutaten verrühren und gut abschmecken. Die Champignons in der Marinade eine halbe Stunde durchziehen lassen, dann in eine mit Salatblättern ausgelegte Salatschüssel füllen und mit gehackten Eiswürfeln bestreuen.

113

Scharfe Steak-Marinade

Zutaten: 4 Eßlöffel Olivenöl, 4 Eßlöffel Rum, 1 Eßlöffel Chilipulver, 2 feingehackte Knoblauchzehen, 1 Teelöffel Majoran, 3–4 Tropfen Tabasco.
Zubereitung: Alle angegebenen Zutaten miteinander verrühren. Steaks in die Marinade legen und zugedeckt im Kühlschrank mehrere Stunden ziehen lassen. Vor dem Grillen die Marinade abtupfen, dann die Steaks grillen. Kurz vor Beendigung des Grillens mit etwas Marinade bepinseln und nach dem Garen evtl. salzen.

Orientalische Marinade

Zutaten: $1/8$ l süße Sojasoße, $1/16$ l Sherry, 1 Zwiebel, 1 Stück eingelegte Ingwerknolle, 1 Teelöffel Pimentpfeffer.
Zubereitung: Alle Zutaten der Marinade miteinander verrühren und abschmecken. Das zu grillende Fleisch (z. B. Rinderfilet) darin etwa zwölf Stunden liegenlassen. Die Marinade mit etwas Wasser auffüllen, aufkochen, mit Maizena binden und als Soße zum Fleisch servieren.
Wenn Sie dann noch für reichlichen Vorrat an Papierservietten, Papptellern und Plastikbestecken sorgen, einen Abfalleimer in erreichbare Nähe stellen und ein kühles Bier oder herben Landwein dazu reichen, kann eigentlich nichts mehr schiefgehen.

2. Kartoffelbraten

Kartoffelbraten ist mehr etwas für ländliche Gegenden. Aber warum sollte man an einem schönen Herbsttag mit Kindern und Freunden nicht mal aufs Land fahren, um sich dieses Vergnügen zu gönnen! Eine passende Stelle ist schnell gefunden. Allerdings gehört ein Kofferraum voll Holz dazu. Die Kartoffeln werden in der Glut gebraten. Ebensogut schmecken Würstchen oder Frikadellen in Stanniol eingewickelt und in der Glut gegart. Ziehen Sie den Kindern die älteste Hose an, denn das Schönste ist das Stochern und Übers-Feuer-Springen. Wenn dann alle aussehen wie die Mohren, ist der Herbsttag ein unvergessenes Erlebnis.

■ Wenn Sie nicht ortskundig sind, sollten Sie sich unbedingt bei der Forstverwaltung nach geeigneten Plätzen erkundigen. Das erspart Ihnen Ärger und schützt vor Brandgefahr.

3. Picknick

Ein zünftiges Picknick findet auf der Terrasse, im Garten oder am Waldrand statt. Am besten verbinden Sie es mit einer Wanderung (siehe S. 86). Auch eine Radtour läßt sich bestens mit einem Picknick verbinden (siehe S. 84). Gemeinsam mit Freunden und Bekannten wird gelacht und erzählt.

Die Vorbereitungen sind schnell getroffen: hartgekochte Eier, Kaffee in einer Thermosflasche, Obstsäfte oder Milch für die Kinder, Brot, Butter, Wurst und Käse in Plastikbehältern, zum Schluß Plastikteller und -becher, Bestecke und Servietten. Alles wird in einem Picknickkorb verstaut, und ab geht's.

Wer ein deftiges Picknick veranstalten möchte, bereitet am besten schon am Vortag einige Gerichte zu. Während der Picknicktour kommen Speise und Getränke in die Kühlbox.

Wurstsalat

Zutaten: 250 g Fleischwurst, 2 Äpfel, 1 Gewürzgurke, 125 g Mayonnaise, 1/2 Becher Joghurt, 1 Zitrone, Salz, Pfeffer, Zucker, 1 Ei, 1 Bund Schnittlauch.

Zubereitung: Wurst, Äpfel und Gurke ziemlich klein würfeln, Mayonnaise mit Joghurt verlängern und zugeben, dann mit den übrigen Zutaten abschmecken und gut mischen. Den Salat ziehen lassen, nochmals abschmecken und mit Schnittlauch bestreuen.

Käsekuchen

Zutaten: 1 kg Magerquark, 125 g Fett, 375 g Zucker, 3–4 Eier, 1 Packung Vanillepudding, 30 g Grieß, 1 Packung Backpulver, 1 Zitrone mit Schale (ungespritzt!), 125 g Rosinen.

Zubereitung: Aus den angegebenen Zutaten mit dem Schneebesen des Handrührgerätes einen Teig rühren. Diesen in eine am Boden gefettete Springform füllen und im vorgeheizten Backofen abbacken. Schaltung (elektr. Backofen): Temperaturregler auf 200°, ca. 60 Minuten, untere Schiebeleiste.

Pikante Hackbällchen

Zutaten: 750 g gemischtes Hackfleisch, 2 alte Brötchen, $^1/_8$ l Milch, 1 Ei, 2 Eßlöffel Olivenöl, 2 Eßlöffel Essig, 1 Bund Petersilie, 2 Teelöffel Oregano, 2 Teelöffel getrockneter Rosmarin, 1–3 Chilischoten (zerstoßen), 2 Knoblauchzehen, Salz, Pfeffer, 300 g Zwiebeln, Olivenöl zum Braten.
Zubereitung: Hackfleisch, die in Milch eingeweichten und zerdrückten Brötchen, Ei, Essig, Gewürze und die in feine Würfel gehackten Zwiebeln und Knoblauchzehen in eine Schüssel geben und zu einem geschmeidigen Teig vermischen. Den Teig herzhaft abschmecken und etwa eine Stunde im Kühlschrank ziehen lassen. Kleine Bällchen formen und in sehr heißem Olivenöl (Brotprobe!) auf Stufe 2 (Elektroherd) schwimmend knusprig braun braten.

■ Und hier noch ein Tip, der Ärger erspart:
Vermeiden Sie unnötigen Konflikt mit dem Gesetz. Beachten Sie alle Warnschilder bei der Suche nach einem Platz. Wenn wir auf einer »verbotenen« Wiese lagern, können wir uns Geldstrafen bis zu 500,– DM einhandeln.

Vergessen Sie nicht: Das Auto ist bei einem echten Picknicker nur als »Zubringer« gestattet. Denn Picknick heißt nicht, die Brote an der Autobahn oder neben der Landstraße auspacken, sondern Picknick ist eine Mahlzeit im *Grünen.* Mit Kindern sollte ein Autoausflug höchstens 100 km Hinfahrt und 100 km Rückfahrt betragen. Eine Picknickparty darf nicht zu einer Gewalttour ausarten.

4. Mittelpunktessen

Manchmal wohnen Verwandte oder Freunde in einem anderen Ort; zu weit, um am Abend dorthin zu fahren. Warum treffen wir uns nicht auf halber Strecke in einem Restaurant? So kommt man

raus, spricht mit vertrauten Leuten, die man gern wiedersieht, und wird aus dem Alltagstrott gerissen. Autofahrer fahren ohne Promille! Ein Spaziergang in den Wald, bei dem die Kinder frei herumlaufen dürfen, sollte möglichst nicht fehlen. Denken wir daran, daß lange Gespräche in Gaststätten uns zwar gefallen, für Kinder aber das Schlimmste sind, das sie sich vorstellen können.

Spiele für unterwegs

Ein zünftiges Picknick oder Mittelpunktessen wird erst richtig schön, wenn Sie die Utensilien für einige Spiele mit in den Kofferraum packen.

Zum Beispiel Federball

Die gefiederten Bälle und Schläger finden überall noch Platz. Es kommt darauf an, den Partner zu treiben, daß er sich bewegen

muß. Man kann sogar ein Spielfeld abstecken, eine Schnur spannen und nach Tennisregeln spielen. Nur darf der Ball den Boden nicht berühren. Auch Doppel sind möglich.

Zum Beispiel Murmeln

Ein Säckchen mit Kugeln aus Ton oder Glas ist alles, was Sie benötigen. Abwechselnd wird von einem Strich aus eine Murmel geworfen. Trifft sie ins Loch, darf noch einmal geworfen werden. Bleibt sie vorher liegen, darf der nächste sie ins Loch schubsen. Gelingt es ihm, darf er noch einmal werfen. Jeder hat höchstens zwei Würfe. Wer am meisten Kugeln ins Loch befördert, ist Sieger. Diese Regel kann nach eigenen Wünschen variiert werden, etwa, daß Kugeln, die ihr Ziel nicht erreichen, in den Besitz desjenigen übergehen, der sie ins Loch schnipst.
Kinder können es gar nicht fassen, wenn Eltern mitmachen!

Zum Beispiel Krocket

Das alte Spiel mit Holzschlägern, bunten Kugeln und kleinen Toren ist immer noch beliebt. Es kommt darauf an, daß die Kugel kein Tor unpassiert läßt. Die Regeln sind jedem Spiel beigegeben.

Zum Beispiel Scheiben-Boccia

Mit farbigen Ringen wird nach einer kleinen weißen Scheibe geworfen. Wer kommt der kleinen weißen Scheibe am nächsten? Scheiben-Boccia ist in allen Spielwarengeschäften erhältlich.

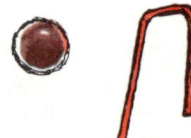

Zum Beispiel Indio-Blasrohrschießen

Dieses Spiel, das es ebenfalls in Spielwarengeschäften zu kaufen gibt, macht Kindern garantiert Spaß: Pfeile mit Saugnäpfen aus Kunststoff (also ungefährlich) werden durch ein langes Rohr auf eine Scheibe gepustet.

5. Fackelparty im Garten

Auch heute haben viele noch einen Garten. Doch feiern wir zu selten ein Gartenfest. Warum eigentlich?
Ein warmer Sommerabend ist wie geschaffen für eine Fackel-party. Hier sind keine langen Vorbereitungen nötig, schon der nächste Tag kann Regen bringen. Freunde sind schnell zusam-mengetrommelt, Getränke und Lebensmittel in kurzer Zeit ein-gekauft. Ein Grillgerät, am besten eins mit Holzkohle, sollte bei jedem Gartenbesitzer vorhanden sein. Gerade im Freien schmeckt Gegrilltes am besten. Alle kleineren Teile wie Würst-chen, Steaks, Hamburger werden auf dem Rost gegrillt; Hähn-chen, Kasseler oder Haxen kommen auf den Spieß und werden während des Grillens mit Öl oder Marinade eingerieben.

119

Nürnberger Würstchen

Zutaten: Pro Person ca. 100 g Nürnberger Würstchen.
Zubereitung: Die Würstchen mit heißem Wasser brühen. Die Haut zwei- bis dreimal einritzen, dann ca. 4 bis 5 Minuten von jeder Seite grillen.

Muschelspieß

Zutaten: Pro Spieß 12 Miesmuscheln naturell, 20 g durchwachsenen Speck, Öl.
Zubereitung: Die Muscheln abwechselnd mit dünnen Speckscheiben auf einen Spieß stecken, ölen und ca. 5 Minuten von jeder Seite grillen.

Geflügelleber-Spieß

Zutaten: Pro Spieß 100 g Geflügelleber, 50 g Äpfel, 1 kleine Zwiebel, Öl, Rosmarin.
Zubereitung: Abwechselnd Leber, Apfel- und blanchierte Zwiebelstücke auf einen Spieß stecken. Das Öl mit Rosmarin würzen und den Spieß damit bepinseln. Den Spieß etwa 6 bis 7 Minuten von jeder Seite grillen.

Ananas-Kasseler-Kotelett

Zutaten: Pro Person eine Scheibe Kasseler und eine halbe Scheibe Ananas.
Zubereitung: In die Kasselerscheiben eine Tasche schneiden, diese mit Ananas füllen, dann mit Holzspießen verschließen. Die Schnitte von beiden Seiten grillen, ca. 5 Minuten von jeder Seite.

Dekoration und Musik

Fackeln schaffen eine gemütliche und anheimelnde Atmosphäre, wenn sie überall im Garten verteilt, in den Boden gesteckt oder am Zaun befestigt werden. Es gibt sie in vielen Farben zu kaufen. Grill- und Eßplatz benötigen eine zusätzliche Beleuchtung, vielleicht Partyleuchten, als Girlande von Baum zu Baum gespannt, oder einfach die Stehlampe aus dem Wohnzimmer.

Für Musik sorgt der Plattenspieler. Tanzen soll, wer Lust hat. Andere unterhalten sich lieber, grillen Würstchen, trinken oder spielen Karten, bis es ihnen zu kühl wird.

Was ist sonst noch zu bedenken?

Nicht das beste Geschirr nehmen, Pappteller und -becher sind bequemer. Eventuell einen Sonnenschirm für plötzlichen Regenguß bereitstellen. Wie wäre es, wenn wir unsere Nachbarn dazu holen, um sie kennenzulernen und länger feiern zu können? Es muß nicht immer Alkohol dabei sein. Im Herbst laden wir unsere Freunde zur Teeparty ein. Warme Kleidung ist selbstverständlich, da es sonst zu kühl im Freien ist. Ein vorbereiteter Holzstoß wird entzündet und einige Pechfackeln werden aufgestellt. In einem großen Teekessel wird dann am offenen Feuer Tee gebraut. Man reicht ihn in großen Emailtassen. Tee gibt es in Spezialgeschäften in den verschiedensten Sorten.

■ Über das reichhaltigste Sortiment guter Teesorten verfügt zur Zeit: Firma Paul Schrader & Co., Postfach 668, 2800 Bremen 1.

6. Am offenen Kamin

Einen offenen Kamin kann sich heute jeder, der baut, leisten, wenn er Sinn und Geschmack dafür hat. Auch nachträglich lassen sich Kaminöfen in geschlossenen Räumen und im Freien aufstellen.

Das Schönste am offenen Kamin ist: das Feuer genießen! Plauderstunden sind das Richtige an langen Winterabenden. Ein solcher Erzählabend mit Freunden und mit der eigenen Familie läßt uns wieder echte Gemeinschaft erleben; man spricht zwanglos miteinander und hört dem andern beim Knistern der Holzscheite zu.

Ältere Leute kennen vielleicht noch Spuk- und Geistergeschichten. Neuerdings werden sie als PSI-Phänomene wieder akut. Es

121

dürfen auch Liebesgeschichten (wie wir uns kennenlernten), selbsterlebte Anekdoten, Schul- oder Jugendstreiche sein; die Gäste erzählen interessante Begebenheiten aus ihrem Leben.

Steine und Pflanzen

Beim Wandern stolpern wir auf Schritt und Tritt über die schönsten Dinge: Steine und Wurzeln, Tannenzapfen, Blüten und Blätter – Geschenke der Natur, aus denen wir mit unserer Familie ein volles Freizeitprogramm gestalten können.
Wenn wir von früh an bei unseren Kindern das Interesse an den Schönheiten der Natur wecken, werden sie vielleicht später einmal begeisterte Hobbygärtner oder Amateurmineralogen. Zumindest wecken wir ihren Sinn für die Schönheiten der Natur und öffnen ihnen die Augen für die unscheinbaren Dinge am Wegesrand.

1. Kiesel und andere Steine

Kieselsteine regen mit ihren verschiedenen Farben und Formen die Fantasie an. Auf große Flußkiesel können Kinder lustige Gesichter malen. Bizarr geformte Steine sammeln wir für unser »Steinmuseum«. Aus halbrunden, unten abgeflachten Kieseln läßt sich eine orientalische Stadt mit vielen Kuppeln bauen. Die Landschaft um die elektrische Eisenbahn wirkt durch Kalksteinbrocken und Moos stilecht. Mit verschieden gefärbten Steinen lassen sich fantastische Steinmännchen und Tierfiguren kleben.

2. Mineralien und Versteinerungen

Von Jahr zu Jahr wird das Sammeln von Mineralien und Versteinerungen beliebter. Die Tendenz geht mehr und mehr zum ausländischen Mineral. Rostbraune Karfolite aus Colorado, bizarre Tincalonite aus Kalifornien, lila Amethyste und Krokoïte – Stücke der verschiedensten Größen, Sorten und Farben, die es in allen Preislagen zu kaufen gibt, geben dem Sammeln von Mineralien einen exotischen Anstrich.
Zum richtigen Hobby wird es jedoch erst dann, wenn die Steine

122

in der näheren und weiteren Heimat selber gesucht werden. Dazu sind einige Ausrüstungsgegenstände notwendig:

1 schwerer Hammer (Geologenhammer),
1 leichter kleiner Schlosserhammer,
verschiedene Meißel,
1 pickelartiges Instrument,
1 Lupe mit zehnfacher Vergrößerung,
1 Klappspaten,
1 Rucksack,
Papier zum Einwickeln,
Schachteln und Notizbuch,
1 geologische Karte,
1 Bestimmungsbuch.

Die gesetzlichen Bestimmungen sind dabei nicht außer acht zu lassen, etwa die Rechte des Eigentümers von Grund und Boden. Alle Funde sollten sofort mit den nötigen Angaben versehen werden: Name des Minerals, evtl. weitere Zusammensetzung des Fundstücks, Fundort und Datum. Zunehmend beliebt sind »Micromounts«, das sind kleinste Gesteinsstückchen und Kristalle, die in der Regel aufgeklebt werden und darum leicht aufzubewahren sind.

Für Anfänger empfiehlt sich, bei der VHS oder anderen Institutionen einen Einführungskurs zu belegen. Wo das nicht möglich ist, erkundige man sich nach Amateurmineralogen. Vielleicht hilft auch der Fachverband weiter. Hier seine Anschrift:

■ Vereinigung der Freunde der Mineralogie und Geologie (VFMG), Blumenstraße 34, 69 Heidelberg.

Der VFMG gibt auch eine Fachzeitschrift heraus, »Der Aufschluß«, die viele praktische Anleitungen vermittelt.

Wertvolle Tips bringt das Buch:
■ Walter Schumann, Bestimmungsbuch Steine + Mineralien, Bertelsmann Verlag, München.

3. Tannenzapfen und Wurzeln

Aus Kiesel gelegte Bilder sind die richtigen Unterlagen für die »Alraunenmännchen«, die sich Kinder aus menschen- oder tier-

ähnlich gewachsenen Wurzeln selbst zurechtschnitzen können.
Frische Tannenzapfen sind zuverlässige Barometer: Wenn es
regnerisch wird, schließen sie ihre Blätter. Und wenn es wärmer
wird, öffnen sie sie wieder.
Alte, trockene Tannenzapfen kann man mit Erde füllen und Gras
hineinsäen. Dann »sehen« wir buchstäblich das Gras wachsen.
An Steinen, Zapfen und Wurzeln haben auch Kinder im Vorschulalter schon große Freude. Die Fensterbank im Kinderzimmer ist
der ideale Platz zum Aufbewahren.

4. Blätter und Blüten am Wegesrand

Kinder sind enttäuscht, wenn der prächtige Blumenstrauß von
der Waldwiese schon nach einer Stunde verwelkt ist. Lösung:
Blumen trocknen lassen. Bei der nächsten Wanderung sollen die
Kinder Blumen, Gräser und Blätter in einer Schachtel sammeln.
Zu Hause wird alles zwischen Löschpapier (oder alten Zeitungen)
und dicken Büchern getrocknet und gepreßt. Die Blüten und
Blätter werden dann zu einem Bild zusammengeklebt, fürs Kin-
derzimmer oder als Sammelbuch.

Herbarium

Interessiert sich Ihr Kind ernsthaft für Pflanzen, dann zeigen Sie
ihm, wie man ein Herbarium anlegt: Dazu muß man die Pflanze
immer mit der Wurzel ausgraben und in einen feuchten Plastik-
beutel stellen. Sobald die Pflanze getrocknet und gepreßt ist,
wird sie auf einen DIN-A-4-Bogen geklebt und mit Name und
Fundort versehen.
■ Als Anleitung für Sammler empfehlenswert: »Was blüht denn
da?«, Kosmos Verlag, Stuttgart.

5. Natur in Gießharz

Übrigens: Gesammelte Raritäten können sich auch in kleine
Schmuckstücke verwandeln, wenn Sie sie in Gießharz betten!
Bastlerpackungen mit genauen Gebrauchsanweisungen und

Gießformen gibt es schon für knapp 20 DM. Mit solchem kristall-
klaren Gießharz zu modellieren ist kinderleicht – auch für Leute
mit zwei »linken Händen«. Und die schönsten Stücke können Sie
in der Verwandtschaft verschenken.

6. Der Minigarten

Minigärten bieten unerschöpfliche Möglichkeiten. Sie werden
auf dem Balkon, am Rande der Terrasse, des Hauseingangs, ent-
lang der Einfahrt zur Garage und selbst im engen Hof zwischen
Häuserwänden aufgebaut. Sie krönen Trenn- und Stützmauern,
laufen die Treppe mit hinunter, ersetzen den niedrigen Zaun im
Vorgarten oder eine kleine Hecke.
Als Material für Troggärten eignen sich: handgearbeitete Sand-
steingefäße, Viehtränken, Futterkrippen, alte Brunnenteile und
Wassersteine, eine Ziegelmauer oder die industriell gefertigten
Gefäße aus Asbestzement, Kunststoff, gebranntem Ton oder
Metall, die es zum Aufstellen oder Einbauen gibt.
Bei rustikalen Altertümern achte man auf Wasserabzug! Stein-
oder Keramikgefäße zu durchbohren ist nicht ganz einfach und
sollte besser vom Handwerker gemacht werden. Eine fantasie-
volle, abwechslungsreiche Bepflanzung (am besten mit Blumen-
zwiebeln) schenkt reiche Blütenpracht vom Frühjahr bis in den
Herbst.

Blumen für sonnige Lagen

Bunte Petunien mit gelben Pantoffelblumen,
Rote Salvien, blaue Ageratum und gelbe Tagetes,
aufrechte und hängende Geranien im Farbwechsel.

Blumen für schattige Balkone

Knollenbegonien in vielen Farbtönen,
Fuchsien jeder Art.

125

Bunte Mischungen

Besonders apart im Blumenkasten sind gelbe Pantoffelblumen mit lila Heliotrop und Silberblatt.
Aufrechte Geranien in Rot oder Rosé vertragen sich gut mit den üppig wuchernden Lobelien.
Auch auf dem Balkon gedeihen die genügsamen Tagetes, zum Beispiel kombiniert mit Begonien und Ageratum.
Weiße und lila Petunien mit Tagetes und Zinnien machen Blumenkästen zum bunten Blumenbeet.

Viel gießen, aber mittags nie!

Für das Bepflanzen der Blumenkästen gilt es, einige einfache Regeln zu beachten:

1. Lassen Sie sich beim Kauf beraten und verlangen Sie die farbigen »Pflanzzeit-Prospekte«.
2. Damit Sie den ganzen Sommer lang Freude an Ihren Blumen haben, ist regelmäßiges, ausreichendes Gießen wichtig. Am besten morgens und abends. Auf keinen Fall während der Mittagshitze!
3. Vier bis sechs Wochen nach der Pflanzzeit sollten Sie einmal wöchentlich mit einem Volldünger, den Sie am besten im Gießwasser auflösen, nachdüngen.
4. Je nach Witterung wird gelegentlich auch eine Kampfmaßnahme gegen Schädlinge notwendig sein. Fragen Sie den Blumen-Fachmann!

Spiele im Freien

Spiele im Freien sind für Kinder ganz besonders schön. Da kann man sich so richtig austoben. Da stören keine Möbel und Wände. Da engt nichts den Bewegungsspielraum ein.
Ob auf einer Kinderparty oder mit Spielkameraden am Nachmittag, ob mit Eltern und Geschwistern auf einem Ausflug oder an einem freien Tag, Gelegenheiten gibt es genug.
Verschiedentlich sind in diesem Buch schon Spiele im Freien genannt, so auf den Seiten 87 bis 90, 98 bis 102, 106, 118.
Hier folgen einige weitere Beispiele als Ergänzung und Anregung.

1. Wettkriechen

Es werden zwei Mannschaften gebildet, die sich mit gegrätschten Beinen in Reihe hintereinander aufstellen. Auf das Startkommando kriechen die letzten Spieler jeder Reihe durch den Beintunnel nach vorn, stellen sich dort auf und klatschen in die Hände. Auf dieses Zeichen kommen die beiden nächsten Spieler an die Reihe. Sieger ist die Mannschaft, die am schnellsten die ursprüngliche Reihenfolge einnimmt.

2. Blindekuh

Einem Spieler werden die Augen verbunden, er muß versuchen, einen anderen zu haschen, der dann Blindekuh ist. Das Spiel beginnt mit einem Zwiegespräch, wobei ein Kind die Blindekuh am Arm herumführt.

»Blindekuh, ich führe dich.«
»Wohin denn?«
»In 'n Kuhstall.«
»Was soll ich da?«
»Essen.«
»Womit denn?«
»Mit 'm Löffel.«
»Hab ja keinen.«
»Such dir einen.«

Bei »such dir einen« wird die Blindekuh auf der Stelle einige Male herumgewirbelt.

128

3. Kartoffellauf

Für die Läufer (2–4) wird an beiden Enden der Laufstrecke je ein Gefäß aufgestellt: hier ein leeres, dort eins mit drei Kartoffeln. Jeder Läufer muß nun mit einem Eßlöffel eine Kartoffel nach der andern herausfischen und in das leere Gefäß am andern Ende transportieren. Mit den Händen darf er die Kartoffel nicht berühren. Auch wenn unterwegs die Kartoffel vom Löffel fällt, muß er sie mit dem Löffel wieder aufheben. Sieger ist, wer zuerst alle Kartoffeln umgefüllt hat.
Das Spiel kann auch mit zwei Mannschaften gespielt werden. Dann genügt eine Kartoffel, die nacheinander hinüber und herüber gebracht wird.

4. Hahnenkampf

Die Spieler stehen sich in zwei Reihen paarweise gegenüber. Sie verschränken die Arme über der Brust und hüpfen dem Gegner auf einem Bein entgegen. Durch Anstoßen versuchen sie, ihn aus dem Gleichgewicht zu bringen. Wer mit dem zweiten Fuß den Boden berührt, muß ausscheiden. Die einzelnen Sieger stellen sich zu neuen Paaren auf und kämpfen wieder miteinander. Zum Schluß bleibt einer als Hauptsieger übrig.

5. Fliegende Untertassen

Jeder Spieler braucht eine »fliegende Untertasse« – eine große Pappscheibe, 15–25 cm Durchmesser. Am besten schneidet man sie aus Schachteln aus. Damit zielt man nach kleineren Scheiben (Bierdeckeln), die in einiger Entfernung ausgelegt wurden. Die Spieler werfen der Reihe nach. Jeder versucht, mit seiner Untertasse auf einer ausgelegten Scheibe zu landen.
Bei jüngeren Spielern zählt es bereits als Punkt, wenn die kleine Scheibe nur teilweise bedeckt ist. Sind die Spieler älter, vergibt man nur dann Punkte, wenn die kleine Scheibe ganz verdeckt ist. Gespielt wird entweder nach Zeit (15 Minuten) oder nach Punkten. Wer als erster 20 Punkte hat, ist Sieger.

129

Variante I: Man schreibt auf die Bierdeckel Zahlen: 1, 2, 5, 10. Für Treffer gibt es entsprechend viele Punkte.
Variante II: Man verwendet die Bierdeckel als fliegende Untertassen und wirft damit nach noch kleineren Scheiben, z. B. Münzen.

6. Dosenwerfen

Eine Pyramide aus Konservendosen wird aufgebaut. In einem bestimmten Abstand stellen sich die Werfer auf und werfen mit Stoff- oder Tennisbällen auf die Dosen. Das durch den Jahrmarkt bekannte Spiel ist immer wieder beliebt.
Man kann zwei Mannschaften bilden. Jeder darf zweimal werfen. Die Mannschaft gewinnt, die die meisten Dosen umgeworfen hat. Oder jeder wirft gegen jeden mit 3 Würfen.

7. Hüpfball

Ein Hüpfball ist ein großer luftgefüllter Gummiball mit Haltegriff. Man steigt darauf, hält sich fest und stößt sich mit beiden Füßen vom Boden ab. Wettrennen mit 2 Hüpfbällen sind besonders spannend.

8. Das Nagelspiel

Ebenfalls vom Jahrmarkt kommt dieses Sommerspiel, für das man einen Balken (dickes Brett oder Klotz), einen nicht zu leichten Hammer und eine Handvoll Nägel (je ca. 10 cm lang) benötigt. Es geht darum, einen Nagel mit möglichst wenig Schlägen in den Balken einzuschlagen. Jeder Schlag zählt einen Punkt. Wer die wenigsten Punkte hat, ist Sieger. Wer seinen Nagel krummschlägt, scheidet aus.

9. Wurfpfeile

Eine Zielscheibe und ein paar bunte, lustige Wurfpfeile genügen, um mit der ganzen Familie im Garten Spaß zu haben. Man addiert

die geworfene Punktzahl. Jeder hat 3 Würfe. Für den Sieger wird ein kleiner Preis ausgesetzt.

Variation: Die Schießscheibe wird an einer Wand, etwa in Schulterhöhe befestigt. Der erste Schütze stellt sich 4 bis 5 Meter davor auf, visiert das Ziel mit ausgestrecktem Arm und Zeigefinger an, bekommt die Augen verbunden und muß nun auf die Scheibe zugehen. 3 Versuche sind gestattet. Die Mitte der Scheibe zu treffen ist schwieriger, als man meint.

10. Bockspringen

Altbekannt und immer wieder beliebt: ein Bock, das heißt ein Spieler, die Beine gegrätscht, die Hände auf die Knie gestützt, den Kopf geduckt, wird von einem anderen Spieler übersprungen. Danach reiht er sich ebenfalls als Bock ein, bis alle Spieler Böcke sind. Nun rollt sich die ganze Bockreihe wieder auf, indem der erste Bock über die andern springt usw.

11. Wer fürchtet sich vorm Schwarzen Mann?

Auf der einen Seite des Platzes (Weges) steht der Schwarze Mann, auf der anderen Seite stehen alle übrigen Kinder.

Der Schwarze Mann ruft: »Wer fürchtet sich vorm Schwarzen Mann?«

Antwort: »Niemand!«

Schwarzer Mann: »Wenn er aber kommt?«

Antwort: »Dann laufen wir!«

Damit laufen alle los zur gegenüberliegenden Seite. Der Schwarze Mann versucht, ein Kind abzuschlagen. Gelingt es ihm, so hat er einen Helfer. Das Spiel wechselt mit dem Anfangsruf hinüber und herüber, bis nur noch einer übrig ist – der neue Schwarze Mann.

12. Frösche und Storch

Die Frösche sitzen im Kreis und hüpfen um den Storch herum. Der Storch steht auf einem Bein in der Mitte und versucht, hüp-

fend einen Frosch zu fangen. Hat er einen, löst der ihn als Frosch ab.

13. Ketcar-Rennen

Je nach Zahl der Mitspielenden starten zwei oder drei Ketcars zum Rennen, eine Bahn hin, eine zurück. Bei mehreren Partien starten die Sieger so lange gegeneinander, bis der endgültige Sieger feststeht.
Variation: Man kann ebensogut Dreiräder, Ballonroller oder Traktoren als Rennwagen nehmen.

14. Ballonlauf

Jeder Läufer erhält einen Luftballon. Auf das Startkommando muß er ihn schnell aufblasen, verknoten und dann im Lauf vor sich herstoßen, ohne daß der Ballon auf den Boden fällt.
Variation: Der Ballon wird bis zum Ziel geköpft und darf mit den Händen nicht berührt werden.

133

15. Der Fuchs und die Gänse

Die Gänse springen um den Fuchs herum und necken ihn. Dieser steht unbeweglich da. Plötzlich ruft er: »Der Fuchs kommt« und versucht, eine Gans abzuschlagen. Gelingt es ihm, so spielt die gefangene Gans den Fuchs. Der Fuchs kann den Gänsen nichts anhaben, wenn sie sich zu zweit angefaßt haben. Ein besonderer Reiz ist es, als Gänse eine ungerade Zahl zu wählen, da dann eine Gans immer ohne Partner bleibt. Bei einer Kinderparty spielen deshalb, wenn erforderlich, Vater oder Mutter mit.

16. Die chinesische Mauer

Ein Spieler ist Baumeister der chinesischen Mauer. Ein Kreidestrich auf dem Boden zeigt die Grundlinie der Mauer an. Der Baumeister darf die Grundlinie nicht verlassen, sondern nur darauf hin und her laufen. Die Spieler versammeln sich etwa 10 Meter von der Mauer entfernt auf einer Seite. Dann ruft der Baumeister: »Durchbruch.« Sofort laufen die Spieler los und versuchen, über die Mauerlinie zu kommen. Wen der Baumeister dabei abschlägt, der wird zum Baustein der Mauer. Der Baumeister stellt ihn auf die Grundlinie. Die Bausteine können nicht vom Fleck, wohl aber schlagen sie mit den Händen um sich und versuchen, einen Läufer zu erwischen. So folgt Runde auf Runde, bis nur noch ein Läufer übrig ist, der nun Baumeister wird.

17. Ochs am Berge

Der Ochs steht vor dem Berg, das heißt mit dem Gesicht zur Hauswand. Hinter ihm, etwa 30 Schritt entfernt, stehen die anderen auf einer Linie. Der Ochs ruft plötzlich: »Ochs am Berge eins, zwei, drei.« Solange er spricht, setzt sich die ganze Gesellschaft in Bewegung und versucht, bis an die Wand zu gelangen. Hat der Ochs seinen Spruch getan, dreht er sich blitzschnell herum. Wen er dann noch in Bewegung erwischt, der muß auf die Anfangslinie zurück. Ochs ist, wer als erster, ohne erwischt zu werden, dem Ochsen am Berge auf den Rücken schlägt.

Der Witz bei dem Spiel: Der Ochs kann seinen Satz ganz langsam oder sehr schnell sprechen bzw. den ersten Teil sehr langsam und dann blitzschnell »eins, zwei, drei« sagen und sich schon herumdrehen. Die Spieler dürfen nie wissen, wann der Satz zu Ende ist.

18. Katz und Maus

Die Spieler bilden einen großen Kreis. Die Maus ist innerhalb des Kreises, während die Katze um den Kreis herumschleicht.
Die Katze fragt einen Spieler: »Wo ist das Mäuschen?«
Antwort: »Es ist im Kämmerchen.«
Frage der Katze an den nächsten: »Was macht es dort?«
Antwort: »Es wäscht sich.«
Frage: »Was macht es jetzt?« usw.
Nach einigen Fragen sagt einer der Spieler: »Es läuft gerade heraus.« Nun muß die Maus aus dem Kreis laufen, und die Katze versucht, sie zu fangen. Die Maus läuft wieder in den Kreis. Ihr wird

überall ein Tor aufgemacht (= Arme hochgehoben), durch das sie schlüpfen kann. Will die Katze folgen, so werden schnell die Arme gesenkt. Sie muß so flink sein, daß sie blitzschnell durch das Tor schlüpft, ehe es wieder geschlossen ist. Ist die Katze stark, so sucht sie mit Gewalt die Kette zu durchbrechen.
Die Maus darf sich nicht zu lange außerhalb des Kreises aufhalten, da sie sonst leicht gefangen wird, sie darf aber auch nicht im Kreis verweilen, sondern muß ständig rein- und rauslaufen. Hat die Katze die Maus gefangen, wird ein neues Paar gesucht. Ist die Maus zu flink, so darf nach einiger Zeit eine zweite Katze helfen.

19. Topfschlagen

Die Spieler bilden einen Kreis. In der Mitte steht einer mit einem Stock in der Hand und mit verbundenen Augen. Diese Blindekuh wird mehrere Male herumgedreht. Dann muß sie versuchen, mit dem Stock auf den Topf zu schlagen, der umgestülpt auf dem Boden in der Mitte des Kreises steht. Trifft sie ihn, gehört ihr der Preis, der darunterliegt. Bei jüngeren Spielern ist es wichtig, daß jeder drankommt.

20. Sackhüpfen

Jeder Teilnehmer an dem Wettlauf stellt sich in einen Sack, der unter den Armen zugebunden wird. Nun wird zum Ziel gelaufen oder gehüpft. Wer hinfällt, steht ohne Hilfe auf. Die Sieger der einzelnen Läufe ermitteln unter sich noch den Hauptsieger.
Variation: Bei älteren Kindern wird der Sack über der Schulter zugebunden, was die Schwierigkeit erhöht.

Einrichtungen aller Art bieten uns heute eine Fülle an Unterhaltung und Kultur.
Nutzen wir das Angebot!
Alles ist gut, solange es
- aus dem Alltagstrott herausreißt,
- neue Anregungen und Impulse gibt,
- die inneren Aktivitäten entfaltet,
- Entspannung und Erholung bringt,
- uns nicht abhängig von der Freizeitindustrie macht.

Der dritte Teil will uns ermuntern, das Haus für ein paar Stunden zu verlassen.

Ausflugsziele und noch mehr

Was können Eltern und Kinder gemeinsam unternehmen, um Schönes und Sehenswertes zu erleben und dabei auch noch etwas für ihre Bildung zu tun?
Es ist ein Vorurteil zu meinen, Kultur sei langweilig. Es kommt darauf an, wie man es macht. Ein Museumsbesuch kann auch für Kinder zu einem Abenteuer werden.

1. Zoo

In vielen Großstädten gibt es einen Zoo, anderswo Tierparks, Vogelgärten, Aquarien, Delphinarien. Fremde Tiere bringen die Vorstellung ferner Länder. Für Kinder ist ein Zoobesuch immer wieder eine besondere Attraktion. Sie können dort den ganzen Tag verbringen, ohne daß es ihnen langweilig wird.
Wenn in Ihrem Wohnort ein Zoo ist, sollten Sie überlegen, ob sich nicht eine Dauerkarte lohnt. Auch Landkinder brauchen nicht auf einen Zoobesuch zu verzichten. Eine längere Anfahrt lohnt sich in jedem Fall.

2. Botanischer Garten

Ein Besuch im botanischen Garten ist nicht nur etwas für Blumenliebhaber. Ab 3./4. Schuljahr sind Kinder dafür aufgeschlossen. Wir nehmen Vergrößerungsglas und Bestimmungsbuch,

138

Kamera und Zeichenblock mit; dann wird eine kleine »Forschungsreise« daraus.

3. Motorbootfahrt

Gibt es in Ihrer näheren Umgebung einen großen Fluß oder See, auf dem Motorboote verkehren? Wie wär's mit einer Rundfahrt auf der Talsperre, einer Kanalfahrt, einer Hafenrundfahrt? Wind und Wasser vertreiben den Alltag. Eine Dampferfahrt mit jüngeren Kindern sollte man nicht zu lange ausdehnen, sonst langweilen sie sich. Auch eine »Minibootsfahrt« auf einer Fähre in Verbindung mit einer Wanderung oder einem Ausflug ist etwas Neues.

4. Ponyreiten

Welches Kind träumt nicht davon! Viele Gasthöfe und Pensionen (Bauernhöfe) unterhalten Ponyställe, je nach Art und Umfang für kurze Ritte bis zu einstündigen Geländeritten. Mancherorts kann man einen Einspänner mieten, so daß die ganze Familie ein gemeinsames Pferdevergnügen genießt.

139

5. Märchenwald

Das ist etwas für die Jüngsten. In einem Park sind Märchenfigu-
ren, kleine Häuschen und Karussells aufgestellt. Manchmal ist ein
Märchenwald klein aufgezogen, es gibt aber auch große Unternehmen, reinste Kinderparadiese.

6. Rummelplatz

Der Rummelplatz ist ein Vergnügen für die ganze Familie. Jedes
Jahr gibt es neue Karussells. Kinder können nicht genug davon
bekommen: Würstchenbuden, Eisdielen, Schieß- und Verlo-
sungsbuden und vieles mehr. Laden Sie Freunde mit Kindern zur
Kirmes ein. Man muß nicht unbedingt den ganzen Tag dort verbringen. Ein oder zwei Stunden, vielleicht auch einmal ein Abend
im Lichterschein der bunten Kirmeswelt sind ein unvergessenes
Erlebnis.

7. Minigolf

Minigolfplätze gibt es überall. Die einzelnen Felder haben die unterschiedlichsten Schwierigkeitsgrade. Der Ball muß mit möglichst wenig Schlägen ins Loch. Versuchen Sie es. Auch Ihre Kinder sind begeistert. Die Eintrittspreise sind erschwinglich. Bei
größeren Anlagen mit vielen Stationen genügt ein Spiel.

8. Spielplatz

Spielplätze sind nicht nur etwas für kleinere Kinder. Kennen Sie
Abenteuer-Spielplätze? Vielleicht gibt es in Ihrer Nähe einen. Das
ist auch etwas für Schulkinder. An Regentagen gibt es in festen
Unterkünften Spielmöglichkeiten. Abenteuer-Spielplätze werden von pädagogischen Fachkräften betreut.

9. Stadtrundfahrt

Auch für Kinder, die ihre Stadt schon kennen, ist eine Stadtrund-
fahrt in einem Aussichtsbus ein Erlebnis. Oder der Vater spielt
den Stadtführer. Die Familie besichtigt die Sehenswürdigkeiten.

10. Naturkundliche Ausflüge

Kennen Sie die Schönheiten Ihrer näheren Umgebung?
Vielleicht gibt es interessante Aussichtspunkte,
Türme oder Burgruinen,
Quellen oder einen Wasserfall,
Talsperren, Tropfsteinhöhlen
oder sonstige naturkundliche Sehenswürdigkeiten
und landschaftliche Schönheiten.
Erschließen Sie Ihrer Familie und sich selbst Ihre nähere Umge-
bung. Stellen Sie ein Programm auf, bereiten Sie Ihre Kinder vor.

141

Landschaft allein ist für Kinder langweilig. Deshalb verbinden wir den Besuch einer Eisdiele, eines Freibades, eines Gasthofes (zur kurzen Rast) mit dem naturkundlichen Ausflug.

11. Treffpunkt Trödelmarkt

Altes ist »in«. Man spricht allenthalben von Nostalgie. Kein Wunder, daß die Trödelbörsen wie Pilze aus dem Boden schießen: Antiquitätenmessen für den kleinen Mann mit Volksfestcharakter. Immer mehr Leute strömen herbei, um in engen Altstadtgassen das Strandgut der Jahre und Jahrzehnte zu bewundern. Für Atmosphäre sorgen aber nicht nur Trödel und Krimskrams, sondern auch die Händler, die zuweilen selbst aus Großvaters Bilderrahmen oder Großmutters Kleiderschrank entstiegen sein könnten. Dazu kommen Würstchenbuden, Obstverkäufer, Drehorgelmänner.
Entdecken wir den Reiz, bei alten Rhein- und Weinliedern auf Flohmärkten nach »Altertümchen« zu schnüffeln. Auch Kinder gehen gern mit. Achten Sie auf die Inserate der Zeitung. Das Schauen allein ist schon ein Gaudi.

12. Zirkus

Fernsehübertragungen ersetzen nie die Originalschau. Da fehlt ganz einfach die Atmosphäre: der unverwechselbare Geruch von Manege und Tieren, die Musik, die farbenprächtigen Kostüme der Artisten, der Nervenkitzel, die eigene, ganz andere Welt des fahrenden Volkes. Für eine Zirkusvorstellung lohnt es sich, einmal für alle Familienmitglieder tiefer in die Tasche zu fassen, lohnt es sich, einige Kilometer in die größere Nachbarstadt zu fahren.
Ich meine, wir sollten keine Vorstellung auslassen. Schon unseren Kindern zuliebe. Auch Sechsjährige dürfen dann mit in die Abendvorstellung. Das Erlebnis bleibt für sie unvergessen.

13. Theater

Nie war die Welt des Theaters vielfältiger als heute. Vertraute Klassik ebenso wie Experimentiertheater, Laiengruppen, Zimmerbühnen und großes Theater. Auch in ländlichen Gegenden gibt es heute hervorragende Möglichkeiten, da Tourneebühnen mit bekanntesten Schauspielern von Film und Bühne beinahe bis in die kleinste Stadt kommen. Vielerorts gibt es eigene Jugendvorstellungen. Der Besuch des Theaters ist ab 14. Lebensjahr möglich, bei manchen Stücken ab 12. Lebensjahr.
Ein besonderer Tip: Kennen Sie Freilichtbühnen? Dort werden im Freien nachmittags und abends Märchen, Volksstücke, Karl-May-Spiele und klassische Theaterstücke aufgeführt. Ein lohnendes Ziel für einen schönen Sommertag!

14. Kino

Haben Sie sich schon einmal gefragt, warum Jugendliche so gern ins Kino gehen? – Weil Kino etwas anderes ist als Fernsehen; weil es nicht die eigenen vier Wände sind; weil es Spaß macht, unter fremden Leuten zu sein.
Entdecken wir wieder den Reiz eines Kinovergnügens. Sehen wir uns doch mit unseren Kindern ab und zu gemeinsam einen Film an. Das anschließende Gespräch bringt Leben in die Familie.

15. Konzerte

Wie schade, daß im Gegensatz zum Theater, das in letzter Zeit von breiten Schichten besucht wird, der Konzertsaal weniger Anziehungskraft hat. Es braucht ja nicht gleich ein Sinfoniekonzert oder anspruchsvolle moderne Musik zu sein. Oper, Operette, Musical, Beat und Jazz sprechen manchen eher an.
In ein Konzert würde ich Kinder etwa ab 10 Jahren mitnehmen. Vorher ist es eine Überforderung; Jüngere können nicht zwei Stunden lang still sitzen. Wenn möglich, hören wir uns vorher die Werke, die auf dem Programm stehen, auf der Schallplatte an. Dann haben wir von dem Konzert mehr.

16. Museum

Auch Museen werden bei uns in Deutschland noch viel zu wenig besucht. Vielleicht liegt das daran, daß wir ein Museum als einen »Tempel« betrachten, den man nur mit ehrfürchtigem Schweigen betreten darf. Anders in den USA. Dort sind Museen für viele Stätten der Erholung und Entspannung. Man diskutiert, sitzt oder steht ungezwungen, lernt so in gelockerter Atmosphäre Kunst und Kultur aus Vergangenheit und Gegenwart kennen.

Ob ein Museumsbesuch – besonders mit Kindern – zu einem Alptraum wird oder zu einem Abenteuer, hängt von uns ab. Mit 8 oder 9 Jahren sind Kinder sehr wißbegierig und aufnahmebereit. Wenn Sie ein paar einfache Tips beachten, kann kaum etwas schiefgehen:

■ Ein Museum ist kein Andachtsraum. Wenn unser Kind etwas komisch findet, darf es ruhig lachen.

■ Keine Frage ist zu dumm. Man geht ja in ein Museum, um hinzuzulernen. Benutzen wir Kataloge, lesen wir die Beschriftungen, fragen wir die Museumswärter.

■ Machen wir zuerst einen kurzen Rundgang. Dabei suchen wir uns einige wenige Objekte aus, die für unser Kind interessant sind, die wir erklären können.

■ Wenn ein Kind spontan auf etwas zusteuert, sollten wir nicht achtlos daran vorbeigehen. Das Kind soll sich ans Museum gewöhnen.

■ Verlangen wir nicht zu viel auf einmal! Wenn unser Kind keine Lust mehr hat, machen wir einfach Schluß. Lieber zwei kürzere Besuche, die Spaß machen, als ein überlanger, der nur strapaziert.

Spezialmuseen

Spezialmuseen gibt es mehr, als man glaubt. Das Buch
■ »Museen, die nicht jeder kennt«, von Ernst Roloff, Bertelsmann Verlag, Gütersloh,
nennt 125 Spezialmuseen in Deutschland, darunter so interessante wie:
das Vogelwarten-Museum in Wilhelmshaven,
das Hut-Museum in Bad Homburg,

144

das Karl-May-Museum in Bamberg,
das Puppenstuben-Museum in Bodman,
das Brot-Museum in Detmold,
das Schul-Museum in Dortmund,
das Post-Museum in Frankfurt,
das Uhren-Museum in Furtwangen,
die Flughafen-Modellschau in Hamburg,
das Krippen-Museum in Telgte,
das Bergbau-Museum in Bochum und Ramsbeck.

■ Wissen Sie überhaupt, welche interessanten Museen es in Ihrer Stadt oder in der näheren Umgebung gibt?
■ Erkundigen Sie sich beim Verkehrsamt.

17. Kunstausstellungen

Galerien, Museen, Städte, Kunstvereine, ja sogar Sparkassen veranstalten regelmäßig Kunstausstellungen. Im Gegensatz zu Theater und Konzert können wir schon Kinder im Vorschulalter in solche Ausstellungen mitnehmen. Auch Vierjährige freuen sich schon an Bildern, schönen Farben und Formen. Sie sind unbefangener als Erwachsene.
Beachten wir ein paar Regeln, dann gehen Kinder gern in eine Ausstellung.

■ Wählen Sie einige wenige Bilder aus. Man muß nicht alles gesehen haben. Auch wenn wir vieles »übersehen«, lohnt sich ein Besuch.
■ Kaufen Sie am Eingang Ihrem Kind 2 oder 3 Postkarten der ausgestellten Kunstwerke oder den Ausstellungskatalog und lassen Sie danach das Original suchen.
■ Die meisten Museen und Galerien haben einmal in der Woche abends länger geöffnet. Nutzen Sie diese Zeiten für einen Besuch am Feierabend. Dann ist nicht so viel Betrieb wie am Wochenende.
■ Gehen Sie auch ab und zu in eine schöne alte Kirche. Da hat Kunst ihren Ursprung und ist bis heute lebendig geblieben.

Auskünfte und Prospekte über Ausflüge und Veranstaltungen er-

145

halten Sie von allen Verkehrsämtern und Stadtverwaltungen. Eine Fundgrube ist zum Beispiel der Katalog »Freizeitpark Münsterland«, zu beziehen durch:

■ Landesverkehrsverband Westfalen, Balkenstraße 4, 4600 Dortmund.

Weiterbildung und Information

Unsere Welt verändert sich heute in einem rasenden Tempo. Wir müssen aufpassen, daß wir den Anschluß nicht verlieren und mitreden können. Sich geistig zu »trimmen« ist genauso wichtig wie körperlich.

Gedacht ist nicht nur an Vorträge und Kurse, die der beruflichen Weiterbildung dienen, sondern auch an Veranstaltungen und Übungen, die helfen, aktive Freizeitgestaltung zu erlernen.

1. Interessengebiet Politik

Sind Sie politisch interessiert? – Dann machen Sie doch aus Ihrem Interesse echtes Engagement. Werden Sie Mitglied einer politischen Partei. Für welche Partei Sie sich auch entscheiden, ein Anruf bei der nächsten Kreis- und Bezirksstelle genügt. Aufgenommen wird jeder, der 16 Jahre alt ist. Etwa 5,– DM monatlich ist der Mindestbeitrag.

Sobald Sie Parteibuch und Mitgliedsnummer haben, geht Ihnen regelmäßig Informationsmaterial zu. Und wenn Sie erst ein wenig Anschluß gefunden haben, können Sie Wünsche äußern, in welchen Ausschüssen Sie gern mitarbeiten möchten: Familienpolitik, Jugend, Kultur, Schule, Wirtschaft und Arbeit.

Politik ist nicht nur Männersache. Ich meine, Frauen müßten ihre politische Abstinenz aufgeben, sich stärker engagieren. Dann würden Belange der Familie, z.B. Fragen einer kinderfreundlichen Umwelt, mehr Beachtung in der Politik finden.

2. Vorträge

Wenn Sie aufmerksam die Lokalpresse studieren, werden Sie erstaunt sein, wie groß und vielseitig das Angebot der Verbände,

146

Parteien, Volkshochschulen und Kirchen an Vorträgen ist. Gehen Sie öfter in einen Vortrag, der Sie interessiert, mit oder ohne Ehepartner.

Besonders interessant wird es, wenn heranwachsende Söhne und Töchter mit von der Partie sind. Dann geht die Diskussion nach dem Vortrag weiter. Kritische Auseinandersetzung und umfassende Information gehören zur Demokratie.

Überwinden wir unsere Trägheit. Hören wir die Meinung anderer. Überdenken wir die eigene Ansicht.

3. Arbeitskreise

Die beste Information und Weiterbildung bieten Kurse und Arbeitskreise. Im Gegensatz zu einer Einzelveranstaltung kann man sich hier intensiver mit der gewählten Thematik auseinandersetzen. Ob es sich um berufsbegleitende Kurse und berufliche Weiterbildung handelt, um allgemeinbildende Kurse oder um echte Freizeit- und Hobbykurse, das Angebot ist so breit gefächert, daß für jeden etwas geboten wird. Führen wir auch Kinder an diese Einrichtungen heran, als Vorbereitung auf später.

Erste Hilfe

Nehmen Sie an Schwestern-Helferinnen-Lehrgängen teil, die Männer an einem Erste-Hilfe-Kursus. Auch Sanitätskurse werden angeboten. Jeder muß helfen können, wenn Not am Mann ist, und sei es in der eigenen Familie.

Fragen Sie beim Deutschen Roten Kreuz, im nächsten Krankenhaus oder in der ADAC-Geschäftsstelle. Auch Volkshochschule und Malteser-Hilfsdienst haben solche Lehrgänge in ihrem Programm.

Erziehungsfragen

Lehrer, Sozialarbeiter und Eltern versuchen gemeinsam, Erziehungsfragen zu lösen. Das Spektrum ist breit. Da gibt es pädagogische Seminare über vorschulische Erziehung, da wird über Verhaltensweisen der Eltern diskutiert und pädagogisches

Grundwissen über Kinderspielplätze vermittelt, oder aber es geht um schulische Probleme.

Fremdsprachen

Wie wär's mit einem Fremdsprachenkurs? Ob im Berufsleben oder im Urlaub, wer Fremdsprachen spricht, dem steht die Welt offen. Nutzen Sie den Winter für den Urlaub im Sommer. In jeder Volkshochschule kann man unter mehreren Sprachen wählen. Es gibt Kurse für Anfänger und für Fortgeschrittene. Wer genügend Ausdauer hat und etwa 2 Jahre bei der Stange bleibt, kann ein Fremdsprachenzertifikat erwerben. Zu den normalen Kursgebühren kommen lediglich die Anschaffungskosten für die Lehrbücher hinzu. Unerläßlich ist allerdings, daß man seine »Hausaufgaben« ernst nimmt. Ohne häusliche Übungen ist das Ziel nicht zu erreichen.

Schöpferische Freizeitgestaltung

Wer sich schwer tut, Sprachen zu erlernen, dafür aber Freude am Malen, Zeichnen und Formen hat, findet zahlreiche Möglichkeiten. Es gibt Kurse in Aquarellmalerei sowie in Hinterglasmalerei, Studien nach der Natur genauso wie freie Farbkomposition, Bauernmalerei und anspruchsvolle Kunstübungen.
Ob Sie Ihre freie Zeit sinnvoller planen, Ihre Wohnung individueller gestalten, praktische Geschenke für Freunde anfertigen oder einfach aus Freude am Gestalten etwas Ureigenes schaffen, das alles hat hier seinen Platz. Das Formen von Vasen, Krügen, Schalen und Plastiken in Ton wird ebenso geübt wie Holzschnitzen oder Schneiden in Speckstein.

Fotografieren

Gehören Sie zu denen, die die Welt durch die Fotolinse erleben? Dann können Sie einen Kursus »Mit der Kamera unterwegs« belegen. Sie nehmen an Führungen durch die nähere und weitere Umgebung teil, um die richtigen Motive zu finden und die Theorie gleich in der Praxis zu erproben. Vielleicht ist Ihnen der Umgang

mit dem Teleobjektiv noch neu. Sie können sich damit vertraut machen.

■ Foto-Literatur in reicher Auswahl beim:
Heering Verlag, Postfach 700840, 8000 München 70. (Prospekt anfordern!)

Singerunde

Singe, wem Gesang gegeben! Es ist schade, daß in Familie, Schule und Freizeit heute so wenig gesungen wird. Haben Sie nicht Lust? Sie können z. B. an einem Arbeitskreis für Stimmbildung teilnehmen, in dem Singstimmen entwickelt und durch Vervollkommnung der Atmung und Artikulation geschult werden.

Sehr viel Freude macht auch das Singen im Chor. Das Repertoire ist groß: deutsche und ausländische Volkslieder, altes und neues Liedgut in mehrstimmigen Sätzen und Lieder deutscher Meister. Für dieses Hobby müssen Sie eine Doppelstunde in der Woche Zeit haben.

Kochen und Backen

Gas- oder Elektrizitätswerke der Städte und Gemeinden führen Koch- und Backkurse durch. Da gibt es Spezialgebiete wie: »Fremden Ländern in die Töpfe geguckt« oder »Schnelle Gerichte aus der Tiefkühltruhe« bis hin zur Frage »Wie bewirte ich meine Gäste?« Es werden aber auch Grundkurse abgehalten, die Anfänger in die Kunst des Kochens und Backens einweihen, ebenso Kochkurse für Männer. Ein Kochkurs zu 5 Abenden, je 4 Stunden, kostet zwischen 15,– und 20,– DM, zusätzlich Unkosten für die Zutaten, wenn man selber brät und brutzelt.

Zuschneiden und Nähen

Fachleute geben Ihnen Unterricht im Schneidern: Zuschneiden, Ausprobieren, Nähen, Ausarbeiten, das sind die ersten Anleitungen, die Sie für die Praxis nötig haben. Die Kurse sind überall sehr begehrt. Die Teilnehmerzahl ist begrenzt.

Modernes Wohnen

Wenn Sie mehr über Einrichtungsfragen wissen möchten, dann besuchen Sie die Diskussions- und Schulungsabende »Gut eingerichtet«.
Was ist Geschmack, was Stil? Wohnung oder Museum? Kunstgewerbe, Industriedesign, gutes Gebrauchsgerät, das Bild an der Wand, Farbe und Form, gibt es Gesetze für Schönheit? – Das sind nur einige der Fragen, die hier angesprochen werden. Praktische Übungen und Führungen durch Einrichtungshäuser schließen sich an.

Was es sonst noch gibt

- Wollen Sie mehr wissen über autogenes Training, Kinderkrankheiten, Gesundheitsvorsorge, Blumenstecken, Kosmetik?
- Wollen Sie Fachkenntnisse erwerben in Mengenlehre, Elektronik, Astronomie, Stenographie, Maschinenschreiben, Buchführung?
- Wollen Sie wissenschaftliche Seminare über den Orient und Griechenland, Friedens- und Konfliktforschung oder die Wirtschaftsordnung der Bundesrepublik mitmachen?

Das alles und noch mehr bieten die Erwachsenenbildungseinrichtungen und in besonderer Weise die Volkshochschulen in allen Bundesländern an sinnvoller Freizeitgestaltung an. Die gesetzlichen Grundlagen für die Erwachsenenbildung und Freizeitgestaltung werden in jüngster Zeit viel diskutiert und neu geregelt, um überall ein ausreichendes und qualifiziertes Angebot zu gewährleisten.

Eine letzte Frage: Kennen Sie das laufende Semesterprogramm Ihrer Volkshochschule? Wenn nicht, dann sollten Sie es sich möglichst umgehend besorgen. Sie erhalten es in der nächsten Buchhandlung, in der Schule, in der Sparkasse, bestimmt aber in der örtlichen Geschäftsstelle der Volkshochschule. Sicherlich ist auch für Sie etwas Interessantes dabei.
Die Gebühren sind nicht sehr hoch. Sie richten sich nach der Anzahl der Doppelstunden eines Kurses, die von 4–30 und mehr schwanken.

Es gibt Situationen im Familienleben,
da werden Kinder wahre Quälgeister,
da sind Eltern leicht erregbar,
da geht einer dem andern »auf die Nerven«.
Stunden der Langeweile, Stunden der Freizeit,
die mehr gegeneinander als miteinander verbracht werden.
Mit ein paar Einfällen kann die Stimmung schnell gehoben werden.

Wenn's draußen regnet

Kinder, die an Regentagen nur auf Pfützen und blankes Straßenpflaster starren, werden schnell zur Qual für sich und die Eltern. Was kann man tun, um die Regenwetter-Langeweile zu verjagen?
Gesellschaftsspiele sind bei groß und klein beliebt. Es muß nicht immer *Mühle* oder *Mensch-ärgere-dich-nicht* sein.

Halma

ist ein Spiel mit ehrwürdiger Tradition, das schon für Kinder im Vorschulalter leicht erlernbar ist.

Quartette

gibt es für jedes Interessengebiet in schwierigen und leichten Ausführungen.

»4 erste Spiele«

ist eine neue Spielsammlung, die schon Vierjährige begeistert. Der Otto-Maier-Verlag, Ravensburg, hat sie herausgebracht.

Käsekästchen

ist das einfachste Spiel. Man braucht nicht mehr als Bleistift und kariertes Papier. Ein rechteckiges Feld von Karos wird mit 4 Punkten abgesteckt, und dann darf jeder eine Karokante nach Belieben irgendwo in dem abgesteckten Feld nachziehen. Wer ein Kästchen mit seinem Strich zumacht, darf sein Zeichen (ein

Punkt, ein Kreuz, eine Schlangenlinie) hineinsetzen und noch einen Strich machen. Wer zuletzt die meisten Kästchen hat, ist Sieger. Auch Kinder im Vorschulalter begreifen diese leichten Regeln.

Schlangenlinien

ist ein weiteres amüsantes Schreibspiel. Auf einem weißen Bogen Papier werden wahllos 20 Kreise aufgemalt und von 1 bis 20 numeriert. Dann werden von der 1 zur 2, von der 2 zur 3 usw. Verbindungsstriche reihum gezogen. Keine Verbindungslinie darf eine andere kreuzen, sonst gibt es einen Minuspunkt.
Variation: Je nach Anzahl der Mitspieler werden Blätter mit gleichen Kreisen ausgegeben (durchpausen!), jeder zeichnet für sich.

Ratefix

ist ein Fragespiel mit unbegrenzten Antwortmöglichkeiten. Ein Kärtchen mit der Frage wird verlesen, und dann dreht sich die Scheibe mit dem Alphabet. Wer zuerst die Antwort mit dem betreffenden Anfangsbuchstaben ruft, bekommt das Kärtchen.

Monopoly

ist ein aus Amerika stammendes Spiel um Geld, Kaufen und Verkaufen, das seit Jahrzehnten gespielt wird und nichts von seiner Anziehungskraft verloren hat.

Weitere Beschäftigungsmöglichkeiten

Malen und Basteln (siehe S. 56 bis S. 72) –
Erinnern an vergessene Hobbys, z. B. Briefmarken sortieren, Fotos ins Album kleben –
Lesen (siehe S. 49 bis S. 55) –
bei der Hausarbeit mithelfen.
Je älter die Kinder sind, desto vielfältiger werden die Möglichkeiten für alle Arten von Spielen. In diesem Buch sind zahlreiche Beispiele auf den Seiten 8 bis 48 aufgeführt.

Schwieriger ist es bei kleinen Kindern. Sie wollen nicht stundenlang tüfteln, sondern brauchen Aktivität, Bewegung: Kissen-
schlachten, Reiterattacken auf dem Rücken des Vaters, Blindekuh. In kleinen Wohnungen geht das natürlich nicht immer. Aber
wo ein Kinderzimmer oder noch besser ein Spielkeller vorhanden
ist, sollte man etwas Lärmen und Toben gestatten.

Regenwetter-Tips

Ein verregnetes Wochenende mit jüngeren Kindern gelingt fast
immer, wenn folgende Regeln beachtet werden:
- Bei den Spielen der Kinder mitmachen!
- Alle neuen Spiele gründlich erklären!
- Wenn ein Kind von selber spielt, nicht stören!
- Eine Freundin oder einen Freund zum Mitspielen ins Haus ho-
  len!

156

Wenn der Regen etwas nachläßt, ziehen wir die Kinder wetterfest an und schicken sie für eine Weile nach draußen.

Wenn Kinder krank sind

Wenn Kinder hohes Fieber haben, stellen sie keine großen Ansprüche: Sie sind froh, daß sie im Bett liegen dürfen, und verschlafen den halben Tag. Wenn sie aufwachen, genügt es, daß die Mutter irgendwo in der Nähe ist und ihnen was zu trinken reicht.

Mit ein paar Kleinigkeiten kann man die Atmosphäre schaffen, die das Kind zur Genesung braucht:
- Die Kinder bekommen ein Glöckchen ans Bett, mit dem sie die Mutter herbeiläuten können.
- Das Mobile oder Lieblingsbild wird so gehängt, daß die Kinder es vom Bett aus sehen können.
- Auch ein Aquarium oder das Vogelbauer kann man in Sichtweite rücken.
- Hängen Sie für kleine Kinder eine Spieluhr neben das Bett. Ihr sanftes Klingen beruhigt – und Ihr Kind schlummert ein.
- Ab und zu liest die Mutter etwas vor – nur keine aufregenden Geschichten.

Ungleich schwieriger wird die Situation, wenn die Fiebermüdigkeit der ersten Phase überstanden ist und das Kind Anzeichen der Genesung zeigt. Es wird aktiver und braucht Beschäftigung, wenn es nicht ununterbrochen nach der Mutter rufen soll.
Zunächst einmal braucht es eine feste Rückenstütze, damit es im Bett sitzen kann, ein dickes Kissen, eine Bettrolle o. ä. Ebenso eine stabile Spielfläche, einen Bettisch also, dessen kurze Beine im Bettchen stehen, oder ein Tablett.

Krankenkiste

Viele Mütter nehmen einen Pappkarton und machen ihn zur »Krankenkiste«. Je nach Alter kommen verschiedene Spielsachen hinein:
bunte Ringe, die man auf einen Stab stecken kann,
verschiedene Stofftierchen,
Plastikfiguren vom »Bauernhof« oder Indianer,
Rasseln für die Kleinen,

Glockenspiel für Vorschulkinder,
Bilderbücher,
ein paar kleine Puppen,
eine Anziehpuppe,
die Schachtel mit den Perlen zum Auffädeln.

Bei Älteren kommen jetzt Sachen zu Ehren, die schon »vergessen« waren. Kinder ermüden noch schnell in diesem Stadium und benötigen deshalb neben dem Bett einen Abstellplatz, auf dem sie das Tablett und die Spielsachen ablegen können.

Spielsachen

In einem weiteren Stadium der Gesundung benötigt das Kind kompliziertere Spiele, die seine ganze Aufmerksamkeit beanspruchen:

Mosaik-Steckspiele,
Lego, Plastikant und andere Baukästen,
Bastelbögen und Ausschneidespiele,
kleine Geduldspiele,
Zubehör aus dem Puppenhaus,
ein Notizbuch mit Bleistift,
einen Malblock und Buntstifte,
Tafel mit Griffel,
ein Märchenbuch,
kleine Autos,
Plattenspieler und Schallplatten.

Jetzt kommt der Zeitpunkt, wo Kinder zwischendurch aufstehen. Nun müssen sie den Kontakt zur Außenwelt wieder herstellen. Freunde kommen zu Besuch, erzählen von draußen und von der Schule, oder im Bett werden Hausaufgaben gemacht. So wächst die Sehnsucht nach draußen, und mit ihr wachsen die Kräfte zur vollen Gesundung.
Von einem ist allerdings abzuraten: Lassen Sie kranke Kinder nicht fernsehen. Das ist zu anstrengend und macht sie unnötig nervös.

Wenn's zu Hause langweilig wird

Situation 1

Das langersehnte Wochenende naht. Tagelang hat man sich darauf gefreut. Doch nun, wo es da ist, weiß keiner in der Familie so recht, was man tun könnte. Langeweile kommt auf. Mutter regt an, einen Ausflug zu machen. Doch wohin? Keinem fällt etwas ein.

Situation 2

Eines Tages kommt der Vater von der Arbeit heim und verkündet plötzlich und überraschend beim Abendessen, wohin es dieses Jahr im Urlaub geht: »Ich fand es letztes Jahr in ›Remene‹ so schön, daß ich meine, wir sollten in diesem Jahr wieder runterfahren.« Die Kinder meutern. Auch Mutter ist nicht begeistert. Was tun?

Brainstorming

Für solche und ähnliche Situationen, in denen es ein Freizeitproblem zu lösen gilt, schlage ich vor:

■ Veranstalten Sie mit der Familie etwa 15 Minuten ein sogenanntes »Brainstorming«.

Das bedeutet: Jedes Familienmitglied soll in dieser Zeit möglichst viele Ideen für das Wochenende oder den diesjährigen Urlaub finden. Alle nennen Vorschläge, einer schreibt sie auf.

Es gelten folgende Regeln, an die sich jeder halten muß:
- Nur ganz kurze Formulierungen (Stichworte).
- Der Fantasie sind keine Grenzen gesetzt. Jeder sagt, was ihm einfällt.
- Alles wird in der Reihenfolge, wie es gesagt wird, aufgeschrieben.
- Es kommt darauf an, möglichst *vielen* Ideen, nicht etwa möglichst gute, zu suchen.
- Keinerlei Kritik wird geübt, auch wenn die Vorschläge des andern abwegig erscheinen.

Danach machen Sie am besten 5 Minuten Pause und gehen alle Vorschläge gemeinsam durch. Auch hierbei wird keinerlei Kritik geübt, sondern gemeinsam überlegt:
1. Was ist gut an jeder Idee?
2. Was könnte man noch verbessern?

Erst danach wird über die Vorschläge diskutiert und ein Kompromiß gesucht. So fühlt sich keiner übergangen. Jeder hat zum Gelingen beigetragen.

Die Methode eignet sich auch für andere Freizeitvorhaben, zum Beispiel für die Gestaltung von Festen und Feiern, einer Kinderparty, eines Karnevalsfestes, eines verregneten Urlaubstages.
Am Brainstorming sollten mindestens 4 Personen teilnehmen, vielleicht auch Freunde. Kinder dürfen nicht zu jung sein.
Beim Brainstorming kommen viele Ideen und Einfälle zum Zuge, die sonst abgewürgt würden.

Wenn Sie einmal alles satt haben

Wir haben verlernt, impulsiv zu leben, spontan unseren Neigungen nachzugehen, einfach mal das zu tun, wozu wir gerade Lust haben. Die größte Gefahr für seelische Gesundheit und Erholung in der Freizeit ist die gedankenlose Routine, das Automatenhafte, die pedantische Gewohnheit, die erstarrte Förmlichkeit.
Wenn Ihnen zumute ist, daß Sie am liebsten »den ganzen Kram hinschmeißen«, die »Bude zumachen« oder »alles stehen- und liegenlassen« möchten, dann nehmen Sie diese Anwandlung ernst!
Leisten Sie sich öfter kleine Seitensprünge, ohne lange zu fragen, ob Sie Zeit dafür haben, ohne viel »wenn« und »aber«.

160

Lesen – nur so

Lesen Sie einmal ohne irgendeinen Zweck. Stellen Sie sich vor den Bücherschrank, überfliegen Sie die Titel und greifen Sie sich einen Band heraus, der Sie gerade reizt.

Eine Fundgrube für Liebhaber

Stöbern Sie in einem Buchantiquariat, und kaufen Sie sich einen Stapel herrlicher alter Schmöker, die sonst nirgendwo aufzutreiben sind.

Hinaus in den Frühlingswald

Machen Sie endlich die Wanderung in den grünen Mai, die Sie schon lange vorhatten, oder die schon mehrfach verschobene Radtour.

Für die Dame: Mal ganz groß ausgehen

Ziehen Sie sich schick an und gehen Sie aus, natürlich ohne einen Zettel zu hinterlassen, wohin Sie gegangen sind und wann Sie zurückkommen.

Etwas Verrücktes kaufen

Bummeln Sie durch die Kaufhäuser der Innenstadt und kaufen Sie sich den Krimskrams, der Ihnen gerade ins Auge fällt: einen lila Lippenstift, eine knallrote Schürze.

»Badefest« mit allen Schikanen

Feiern Sie am hellichten Nachmittag ein zünftiges »Badefest«. Dazu brauchen Sie in greifbarer Nähe der Badewanne: ein Kofferradio, verschiedene Zeitschriften und Modehefte und ein Sortiment kostbar duftender Badeessenzen.

Weltreise – in die eigene Stadt

Spielen Sie einen Tag lang Tourist in der eigenen Stadt: Sie fahren Taxi, essen in einem »typischen« Restaurant, besichtigen Kirchen und Museen und lassen sich von Menschen auf der Straße den Weg und die Sehenswürdigkeiten erklären.

Tip aus der Zeitung

Besuchen Sie die Auktion, das Museum, die Matinee, das Schauspiel, auf das Sie zufällig in der Zeitung oder sonstwie stoßen, ohne es vorher geplant zu haben.

Einen guten Freund besuchen

Wenn Sie an einen alten Freund denken, von dem Sie lange nichts mehr gehört haben, und plötzlich Lust verspüren, ihn zu besuchen, bleiben Sie nicht zu Hause, weil es Regen geben könnte, weil er eigentlich zu weit weg wohnt, weil man gar nicht weiß, ob es ihm recht ist.

Einladung per Telefon

Rufen Sie einfach einen lieben Freund an, erzählen Sie ihm Neuigkeiten oder laden Sie ihn ein: »Wenn du morgen abend nichts vorhast, komm doch mal ein Stündchen vorbei.«

Den »besten Freund« kommen lassen

Laden Sie für den nächsten Sonntag zum Kaffee einen Freund ein, der in Ihrer Familie unbeliebt ist – und den Sie bisher aus Rücksicht nicht eingeladen haben.

Vergessenes hervorholen

Holen Sie die Geige oder Gitarre, die Briefmarkensammlung, das Fotoalbum oder sonstwas hervor, das Sie schon lange nicht mehr in der Hand gehabt haben.

Einen warmherzigen Brief schreiben

Schreiben Sie mal wieder einen lieben, warmherzigen, freundlichen Brief. Nicht unbedingt nur an Freunde und Verwandte; vielleicht auch mal an einen Unbekannten, der Mut, Zivilcourage oder Hochherzigkeit und Menschlichkeit gezeigt hat.

Alte Bräuche werden lebendig

Lassen Sie alte Bräuche und Gewohnheiten in Ihrer Familie wieder aufleben, die früher viel Freude bereiteten, aber aus irgendeinem Grunde mit der Zeit eingeschlafen sind.

Kontakte pflegen

Knüpfen Sie wieder Kontakte mit Menschen, mit denen Sie früher viel zusammen waren, wenn Sie gern an diese Zeiten zurückdenken und den Wunsch dazu verspüren.

Heute wird bei vielen auch die Freizeit nach Gesichtspunkten der Zweckmäßigkeit eingeteilt, das Privatleben nach dem Terminkalender verplant.
Mit nichts kann man sich besser dagegen wappnen, als wenn man den kleinen Abenteuern des Alltags nicht ausweicht, der Initiative des Gemüts und der spontanen Anwandlung folgt, auf Entdeckungsreisen geht und den zufälligen Launen freien Lauf läßt.

Wo finde ich was?